지금 시작하면 평생 힘이 되는 31가지

초등 습관 미션

글 사이토 다카시 | 옮김 박선정

미션을 시작하며

여러분은 어떤 일을 시작해야 할 때 어떤 마음이 드나요? 처음 하는 일이라 낯설고 두려운 마음이 먼저 들 거예요. 어른인 저도 그렇답니다. 저는 시작이 어려울 때, 마음속으로 항상 하는 말이 있어요. **"이건 나에게 주어진 미션이야!"** 미션이 뭐냐고요? 미션은 사명감을 갖고 해야 할 임무를 뜻해요. 시작하려는 일을 '나에게 주어진 미션'이라고 생각하니까 도전 의식이 생기고, 꼭 해내고 싶다는 마음이 들었어요. 이렇게 마음먹으니 정말로 잘 해낼 수 있었지요.

저는 초등학생 때 '나라에 도움이 되는 일을 하자.'라는 미션을 가지게 되었어요. 그리고 이 미션에 성공하기 위해 구체적으로 무엇을 하면 좋을지 계속 생각해 왔지요. 지금은 대학에서 선생님이 될 학생들을 가르치면서 20년째 NHK 교육 채널 프로그램 <일본어로 놀자>의 종합 지도를 맡고 있어요. 지금도 그때 정해 놓은 미션을 수행 중인 셈이지요.

10대는 몸과 마음이 쑥쑥 자라는 아주 중요한 시기예요. 이 시기에 막 들어선 열 살이나 곧 열 살이 될 여러분에게 꼭 알려 주고 싶은 게 있어요. 바로 지금 익혀 두면 평생 힘이 되는 31가지 미션이에요.

31가지가 너무 많다고요? 여러분이 '하나라도 실패하면 안 돼!'라는 생각으로 도전한다면 재미도 느끼지 못하고 한 번의 실패에도 자신감이 뚝 떨어져서 금방 지치고 말아요. '자, 하나씩 미션을 수행해 볼까?'라는 생각으로 가볍게 도전한다면 성공한 경험이 하나씩 쌓여서 자신감을 쑥쑥 키워 줄 거예요. 그러다 보면 어느새 31가지 미션을 다 해낼 거고요.

어떤 일이든 결과보다 과정이 중요해요. 31가지 미션 성공이라는 결과만을 생각하지 말고 31가지 미션에 하나씩 도전하는 과정을 즐겨 보세요. 우선 차례를 보고 재미있어 보이는 미션, 어렵지 않다고 생각되는 미션부터 읽고 도전해 보세요.

차례

미션을 시작하며

관계 맺기를 위한 소통 습관 미션
1. 마음의 문을 여는 인사 하기 ···································· 8
2. 다른 사람의 이야기를 온몸으로 듣기 ···················· 12
3. 다른 사람과 공감대 형성하기 ································ 16
4. 상대방의 장점 찾아 칭찬하기 ································ 20
5. 가족과 대화 많이 하기 ·· 24
6. SNS 올바르게 사용하기 ·· 28

미션 레벨 업 마음에 드는 사람에게 말을 걸어 보자! ············ 32

자기 관리를 위한 생활 습관 미션

7. 손가락으로 가리키며 잊은 물건이 없는지 확인하기 ········· 34
8. 약속 시간보다 여유 있게 준비하기 ········· 38
9. 계획표 만들고 먼저 해야 할 일에 집중하기 ········· 42
10. 일기 쓰기로 매일매일을 좋은 하루로 만들기 ········· 46
11. 때로는 참을 줄도 알기 ········· 50
12. 우선순위 정하고 1순위부터 하기 ········· 54

🔶 미션 레벨 업 **생활 속 호기심 노트를 만들자!** ········· 58

미래를 위한 공부 습관 미션

13. '해 보자!' 마음먹고 공부하기 ········· 60
14. 예습과 복습으로 공부 자신감 높이기 ········· 64
15. 세상과 사람을 위해 할 수 있는 일 생각하기 ········· 68
16. 틀려도 괜찮아! 내 생각 말하기 ········· 72
17. 책과 작가를 내 인생의 친구로 삼기 ········· 76
18. 두뇌 회전을 위해 소리 내어 책 읽기 ········· 80

🔶 미션 레벨 업 **위인전이나 자서전을 읽자!** ········· 84

스트레스를 줄이는 행복 습관 미션

19. 몸을 움직여서 에너지 발산하기 ···································· 86
20. 음악을 몸으로 느끼기 ···································· 90
21. 아름다운 것들을 가까이하기 ···································· 94
22. 동물과 교감하며 마음의 긴장 풀기 ···································· 98
23. 식물로부터 힘을 얻기 ···································· 102
24. 손을 사용하는 놀이 하기 ···································· 106

미션 레벨 업 나이 차이가 나는 아이들과 함께 놀자! ···································· 110

자신감을 키우는 마음 습관 미션

25. '지·인·용 체크'로 마음 다스리기 ···································· 112
26. '변신 파워'로 의욕 충전하기 ···································· 116
27. 수시로 '마음 청소' 하기 ···································· 120
28. 경험을 통해 마음의 힘 키우기 ···································· 124
29. 일주일에 한 가지씩 좋아하는 것 늘리기 ···································· 128
30. 어쨌든 실컷 웃기 ···································· 132
31. 사람과의 인연을 소중하게 여기기 ···································· 136

미션을 마치며 ···································· 140
초등 습관 미션 도전! ···································· 142

관계 맺기를 위한
소통 습관 미션

1. 마음의 문을 여는 인사 하기
2. 다른 사람의 이야기를 온몸으로 듣기
3. 다른 사람과 공감대 형성하기
4. 상대방의 장점 찾아 칭찬하기
5. 가족과 대화 많이 하기
6. SNS 올바르게 사용하기

**관계 맺기를 위한
소통 습관 미션 1**

마음의 문을 여는 인사 하기

여러분은 평소에 인사를 잘하는 편인가요?

밝은 표정으로 인사를 잘하는 사람들은 주위 사람들로부터 "저 사람은 예의 바르고 좋은 사람이야."라는 칭찬을 듣는 경우가 많아요. ==인사는 의사소통의 기본으로, 사람들과 좋은 관계를 맺을 수 있게 해 준답니다.==

"만나서 반갑습니다.", "잘 부탁드립니다.", "고맙습니다." 등 여러 가지 인사말을 기억해 두면, 때와 상황에 맞는 말을 골라 사용할 수 있어요. 적절한 인사는 서먹서먹

한 사이를 편안하게 만들어 주지요. 서로 인사를 주고받으면 어색함이 사라지거든요.

그런데 어떤 모임에서 "안녕하세요."라는 인사도 없이 자리에 앉는 사람이 있다면 어떨까요? 사람들은 그 사람이 좀 예의가 없다고 생각할지도 몰라요.

인사는 '저는 예의 바른 사람이에요.'라고 자신을 소개하는 행동이에요. 인사로 '저는 여러분을 만나서 반갑고, 제 마음의 문은 열려 있답니다.'라는 내 마음의 뜻을 전달하는 거지요. 그래서 인사를 하지 않으면 어딘지 모르게 거리감이 느껴지고 사회성이 부족한 사람이라고 여겨지

는 거예요. 인사는 사람 사이를 친밀하게 만들어 주는 다리가 된답니다.

　인사의 장점은 이것 말고도 많아요. 그중 하나는 밝은 얼굴로 인사하고 나면 그 이후에는 억지로 이야기하려고 애쓰지 않아도 된다는 점이에요. 예전에 사람들과 대화를 나누는 게 서툴고 힘들다는 한 학생과 상담을 한 적이 있었어요. 그 학생은 다른 사람들이 모여서 즐겁게 이야기하고 있을 때, 대화에 참여하고 싶어도 어떻게 해야 할지 몰라 어색하고 힘들다고 했어요. 저는 그 학생에게 ==무리하게 대화에 동참하려고 하지 말고 먼저 밝게 웃으며 인사를 건네 보라고 했어요. 인사만으로도 분위기가 밝아지니까요.== 다행히 그 조언이 학생에게 많은 도움이 되었다고 해요.

　여러분에게는 아직 한참 뒤의 이야기이지만, 웃는 얼굴로 활기차게 인사를 할 줄 아는 사람은 학교나 회사에 들어가기 위한 면접시험에서도 좋은 결과를 얻기 쉬워요. 사람들은 밝은 표정으로 인사하는 사람에게 좋은 인상을 받거든요. 밝은 인상은 사람에게 매우 중요한 거예요. 반대로, 무표정한 얼굴에 성격도 어두워 보이고 인사도 제대로 하지 않는 사람은 능력이 아무리 뛰어나다고 해도 면접을 통과하기 어렵겠지요.

 사람 사이의 관계에서 중요한 건 '이 사람과 무언가를 함께 하고 싶다.'라는 생각이 들게 만드는 거예요.

 인사가 몸에 배어 있는 사람은 엄청난 무기를 손에 넣은 거나 마찬가지랍니다.

미션 수행 포인트

◆ 상황에 맞는 인사말을 익히자.
◆ 웃는 얼굴로 밝고 활기차게 인사하자.

**관계 맺기를 위한
소통 습관 미션 2**

다른 사람의 이야기를 온몸으로 듣기

 상대방이 말하고 있는 소리를 듣고 있다고 해서 그 사람의 '이야기를 듣고 있는' 건 아니에요. 저는 듣는 태도도 하나의 기술이라고 생각해요.

 제가 초등학생이던 어느 날, 담임 선생님께서 고개를 끄덕이면서 이야기를 듣는 연습을 해 보자고 하셨어요. 반 친구들이 선생님 말씀을 잘 듣고 있지 않다고 생각하셨던 거지요. 이야기를 들으면서 고개를 끄덕끄덕하면 이야기를 듣고 있다는 것이 말하는 사람에게도 잘 전달

==된답니다.==

 저는 그날 친구들과 함께 고개를 끄덕이는 연습을 했어요. 그 모습이 재미있기도 했지만, 연습하면서 보니 평소 이야기를 들을 때 전혀 고개를 끄덕이지 않는 친구가 누군지도 알게 되었어요.

 ==이야기를 들을 때는 말하는 사람 쪽을 향해 몸을 돌리는 게 좋아요.== 대여섯 명이 함께 이야기를 나누는 상황이라면, 오른쪽 사람이 말을 할 때는 오른쪽으로, 왼쪽 사람이 말을 할 때는 왼쪽으로 몸을 돌리는 거예요. 뒤쪽에 있

는 사람이 말을 할 때는 뒤쪽을 향하고요. 이렇게 말하는 사람 쪽으로 몸을 돌린 후, '아, 그렇구나.'라는 표정으로 고개를 끄덕이며 상대방의 이야기를 듣는 거지요.

처음 만난 사람들이 모여서 자기소개를 하는 광경을 상상해 보세요. 말하는 사람 쪽으로 몸을 돌리고 고개를 끄덕이면서 이야기 듣기, 그다음엔 뭘 하면 좋을까요?

바로 메모를 하는 거예요. 종이에 그 사람이 앉은 자리의 위치와 이름을 쓰고, 농구를 좋아한다거나 피아노를 배우고 있다거나 그 사람이 자기를 소개할 때 이야기한 내용을 한마디라도 적어 두는 거지요. 그러면 자기소개가 끝나고 나서도 사람들의 얼굴과 이름, 좋아하는 것들이 머릿속에서 마구 뒤섞이지 않는답니다.

메모를 해 두지 않으면 자기소개가 끝난 후에 사람들의 이름과 특징을 금방 잊어버리게 돼요. 그러면 그 시간이 의미 없는 시간이 되고 말지요.
정말 신기한 건 메모한 종이가 없어져도 그 내용이 기억에 남는다는 사실이에요. '맞아, 그 자리에 앉아 있던 사람은 이름이 ○○○이고, □□을 좋아한다고 했어.'라고 메모했던 기억이 떠오르지요. 한 번 들은 이야기는 기억을 하지 않는다면 아무 의미가 없어요. 메모하는 습관은 들은 내용을 훨씬 잘 기억할 수 있게 도와줘요.

  다른 사람의 이야기를 들을 때는 상대방을 바라보고 고개를 끄덕이면서 메모를 하세요. 이렇게 하면 내가 이야기를 잘 듣고 있다는 사실이 상대방에게 전해진답니다.

미션 수행 포인트

◆ 상대방의 이야기를 잘 듣고 있다는 것을 태도로 보여 주자.
◆ 들었던 정보를 잊어버리지 않게 메모해 두자.

**관계 맺기를 위한
소통 습관 미션 3**

다른 사람과 공감대 형성하기

여러 사람과 즐겁게 대화를 나누려면 상대방의 이야기를 잘 듣고 공감하는 게 중요해요. '공감대를 형성한다'라는 건 "맞아, 맞아.", "그렇지.", "재미있다.", "그래서 어떻게 됐어?"와 같이 내가 상대방의 이야기를 잘 듣고 있으며 나도 같은 생각이라는 걸 말로 표현하는 거예요.

예를 들어, 여러분이 "나, 이 만화 좋아해."라고 말했는데 친구가 "그래서?"라고 대답한다면 좀 속상하겠지요? 대화도 거기서 멈춰 버리고 말 거예요.

저는 어렸을 때 "난 이게 좋아."라고 말한 친구에게 "뭐? 그런 게 좋다고?"라고 말해 버린 적이 있어요. 그런 말은 상대방에게 상처를 주어요. 저는 지금까지도 그렇게 말했던 걸 후회하고 있답니다.

내가 잘 알지 못하거나 별로 좋아하지 않더라도 상대방이 좋아하는 걸 부정적으로 말하지 않고 존중해 주는 태도가 필요해요. 이 규칙을 잘 지키면 대화가 즐거워져요. 제가 그때 친구에게 "어떤 점이 좋은데?", "나한테도 재미있는 만화책을 골라 줄 수 있어?"라고 물어보았다면 서로 기분 좋게 대화를 이어 나갈 수 있었겠지요.

간약 좋아하는 게 서로 같다면 대화가 더 잘 통할 거예요. 저는 제가 가르치고 있는 대학생들에게 '나의 보물 지도 만들기'라는 과제를 내 주고 있어요. '나의 보물 지도'는 자기가 좋아하는 음식이나 동물, 책 등을 모두 써 놓은 지도 같은 거예요. 내가 좋아하는 것들에 관해 이야기하는 건 신나는 일이지요. ==친구란 좋아하는 것에 대해서 함께 즐겁게 이야기를 나눌 수 있는 사람이라고 말할 수 있어요. 친구의 의미가 그런 거라면 친구 사귀기도 어렵지 않아요.== 상대방의 말에 "맞아, 맞아.", "재미있네."라며 맞장구를 쳐 줄 수 있다면 그때부터 이미 친구인 거니까요.

　==아는 게 많으면 많을수록 상대방과 공감할 수 있는 게 많아져요.== 그래서 저는 누구와도 이야기가 잘 통하는 사람이 되려고 노력하고 있어요. 책도 읽고, 텔레비전도 보고요. 애니메이션이나 만화책도 좋아하고, 음악과 스포츠도 좋아하지요. 이렇게 좋아하는 게 많으면 다양한 사람들과 즐겁게 이야기를 나눌 수 있게 돼요.
　유행한다는 건 많은 사람이 좋아한다는 뜻이에요. 저는 평소 제가 좋아하는 장르의 영화가 아니더라도 인기가 많은 영화는 꼭 보러 가려고 해요. 마음에 드는 장면이 하나라도 있다면 그 영화를 좋아하는 사람과 이야기할 때 "그 장면 좋더라.", "아, 나도 그 장면 기억나." 하고 말할 수 있으니까요.

 모든 것에는 좋은 점이 있기 마련이에요. '이거 말고 다른 건 싫어.'라며 다른 사람의 기분을 부정하지 말고, 그것의 좋은 점을 하나라도 찾아보세요. 그러면 다른 사람과 공감대를 형성할 수 있고 즐겁게 이야기를 나눌 수 있게 된답니다.

미션 수행 포인트

◆ 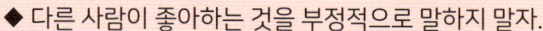다른 사람이 좋아하는 것을 부정적으로 말하지 말자.
◆ 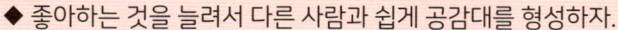좋아하는 것을 늘려서 다른 사람과 쉽게 공감대를 형성하자.

관계 맺기를 위한 소통 습관 미션 4

상대방의 장점 찾아 칭찬하기

초등학생 때, 반 친구에게 "넌 그림을 참 잘 그리는구나.", "너, 수영 진짜 잘한다."라고 칭찬한 적이 있어요. 그 말 덕분인지 그 친구와 아주 친한 친구가 되었어요.

저는 스스로 운동 신경이 좋은 편이라고 생각하고 있었는데, 반 친구 중에 저보다 헤엄치는 게 훨씬 빠른 친구가 있더라고요. 깜짝 놀라서 "너, 진짜 대단하다!"라고 말했지요. 친구는 그 말을 듣고 아주 기뻐했어요.

'좋겠다.', '굉장하다.'는 생각이 들면 그 기분을 그대로 친구에게 전해 보세요. "넌 글씨를 정말 잘 쓰는구나.", "달리기 진짜 빠르다!"처럼 자기 생각을 솔직하게 말하는 거예요. 일부러 마음에도 없는 말을 하거나 듣기 좋은 말을 지어낼 필요는 없어요.

'나도 질 수 없지.', '나도 더 분발해야지.'와 같은 건강한 경쟁심은 괜찮지만, '나도 그 정도는 쓸 수 있다고.', '별로 빠르지도 않네.'처럼 상대방을 비꼬거나 시기하는 건 좋지 않아요. 일부러 칭찬에 인색하게 구는 것도 좋지 않은 태도예요.

만약 자꾸 그렇게 삐딱한 생각과 행동을 하게 된다면,

==그런 태도를 고치기 위해서라도 일부러 다른 사람을 칭찬해 보세요. 그러면 비딱했던 생각과 질투가 한순간에 사라지면서 마음이 편해진답니다.== '키 좀 크고 멋있다고 우쭐대기는.'이라고 생각하는 대신 "넌 키도 크고 날씬해서 아주 멋져."라고 일부러 칭찬하는 거예요. 칭찬은 마음속에 담아 두지 말고, 바로바로 말하는 게 좋아요.

반대로 상대방의 단점이나 부족한 부분에 대해서 말할 때는 상대방의 기분을 상하게 만들거나 상처를 주지 않도록 특별히 조심해야 해요. 어떤 때는 '말하지 않기'를 선택하는 게 더 나을 수도 있답니다.

대학에서 가르치는 학생들에게 '2주 칭찬 릴레이'라는 과제를 내 준 적이 있었어요. 이 과제 덕분에 동생과의 관계가 아주 좋아졌다는 학생이 있었어요. 평소 사이가 좋지 않던 동생에게 계속 칭찬하는 말을 했더니 이제는 동생이 선물도 주고 사이가 좋아졌대요. "이제는 뭐든지 칭찬할 수 있어요. 학교에 있는 엘리베이터도 칭찬할 수 있어요."라고 말하는 학생도 있지 뭐예요. ==연습만 한다면, 누구나 칭찬을 잘할 수 있게 된답니다.==

어쩌면 계속 다른 사람만 칭찬하는 건 싫다고 생각하는

친구도 있을 거예요. 하지만 계속 다른 사람을 칭찬하다 보면 내 기분도 좋아지는 걸 느끼게 될 거예요.

다른 사람에게 한 칭찬은 돌고 돌아 결국에는 나 자신에게 되돌아오거든요. 칭찬받고 싶은 마음이 있지만, 그럴 때 오히려 다른 사람을 칭찬했더니 "네가 더 대단하지."라며 칭찬이 나에게 되돌아오는 경우처럼 말이에요.

순수한 마음으로 상대를 칭찬할 수 있게 되면 인간관계가 매우 좋아져요. 그러니 의식적으로 내 주변에 있는 사람들을 칭찬하려고 노력해 보세요.

미션 수행 포인트

◆ 부럽다는 생각이 들면 바로 말로 표현하자.
◆ 내가 칭찬받고 싶은 마음과 관계없이 상대방을 칭찬하자.

관계 맺기를 위한 소통 습관 미션 5

가족과 대화 많이 하기

여러분은 가족과 이야기를 많이 나누나요?

어쩌면 가족과 대화하는 게 귀찮다거나 쑥스럽다고 생각하는 친구들이 있을지도 모르겠어요. 하지만, 가족과 함께 있을 수 있는 시간은 무한하지 않답니다.

저는 고등학교를 졸업한 이후부터 고향을 떠나 혼자 살았어요. 돌이켜 생각해 보면 부모님과 함께 살았던 건 열여덟 살까지였네요. 물론 방학 때 고향 집에 돌아간 적은 있지만, 잠깐뿐이었지요.

학교 수업이 끝나고 집에 돌아갔을 때 부모님께서 "오늘 학교는 어땠니?" 하고 물어보시면 여러분은 뭐라고 대답하나요? "몰라요." 아니면 "그냥 뭐."라고 무뚝뚝하게 대답하지는 않나요?

오늘 학교에서 어떤 일이 있었고 어떤 생각을 했는지, 아니면 선생님께서 하신 말씀이나 친구랑 뭘 하고 놀았는지 등 뭐든 좋으니 이런저런 이야기를 해 보세요. 짧아도 괜찮아요. 부모님은 그저 여러분의 이야기를 듣고 싶어 하시는 거니까요.

그런데도 여러분이 맨날 "몰라.", "아, 짜증 나." 같은 대답만 한다면 부모님 마음이 어떨까요? 분명 속상하고 슬

프실 거예요.

  부모님은 여러분을 세상 그 누구보다 사랑하고, 여러분을 잘 키우기 위해 여러분의 생각과 이야기를 듣고 싶어 해요. '부모님은 날 사랑하니까 이 정도 응석은 부려도 괜찮아.' 혹은 '부모님한테는 굳이 이것저것 다 말로 하지 않아도 돼.'라고 생각한다면, 그건 잘못된 생각이에요. 부모님도 여러분과 똑같은 사람이에요. 상대방이 자기와 이야기하는 걸 싫어한다는 느낌을 받으면 정말 속상해요. ==부모님은 여러분이 매일 무엇을 보고 어떤 생각을 하는지, 그런 사소한 이야기를 해 주기를 기다리고 계신답니다.==

  저는 중·고등학생 때 식사를 마치고 아버지와 장기를 두곤 했어요. 장기를 두면서 많은 이야기를 나누었지요. 저도 아버지도 둘 다 장기를 잘 두지 못해요. 하지만 누가 이기고 지고를 떠나 아버지와 이런저런 이야기를 나누는 그 시간이 즐거웠어요.

  함께 텔레비전을 보면서 이야기를 나누어도 되고 요리를 하면서 이야기를 나누어도 좋아요. 무엇을 하든 함께 이야기를 나누는 시간 그 자체가 소중해요.

  집은 가족들이 함께 살아가는 공간이에요. 자기 방에 틀어박혀 눈앞에 없는 친구와 스마트폰으로 계속 수다를 떠는 건 가족과 함께하는 시간을 낭비하는 것과 같아요.
  가족과 대화하면서 친구와 계속 SNS를 주고받는 것도 좋지 않아요. 집에서는 SNS 사용은 조금 줄이고, 함께 있는 가족과 즐겁게 대화를 나누어 보세요.

미션 수행 포인트

◆ 집에 돌아가면 부모님께 오늘 있었던 일을 이야기하자.
◆ 가족과 함께 있을 때는 스마트폰 사용을 자제하자.

**관계 맺기를 위한
소통 습관 미션 6**

SNS 올바르게 사용하기

요즘은 SNS를 사용하는 게 너무나 당연한 시대이지요. SNS는 편리하지만, 위험한 면도 있답니다. 스마트폰을 너무 많이 사용하면 뇌 기능과 학습 능력이 떨어진다는 실제 연구 결과도 있어요.

상대방에게 문자 메시지를 보내고, 답이 오면 바로 다시 답장을 보내는 일을 반복하고 있지는 않나요? SNS를 자주 하다 보면 온통 거기에 정신을 빼앗기게 돼요. 그러다 보면 공부나 해야 할 일에 집중할 수 없게 되지요.

그러니까 공부할 때나 해야 할 일을 할 때는 스마트폰을 눈에 보이지 않는 곳에 넣어 두거나 충전기에 연결하는 등 되도록 멀리 두는 게 좋아요.

 문자 메시지를 주고받을 때도 주의해야 해요. 서로 얼굴이 보이지 않기 때문에, 나는 별 뜻 없이 한 말인데도 상대방은 상처를 받는 일이 생길 수 있거든요.

 서로 얼굴을 마주 보며 이야기할 때는 친구가 "바보."라고 말하며 가볍게 놀리더라도 표정이나 말투를 보고 그냥 웃어넘길 수 있어요. 하지만 '바보'라는 문자 메시지를 받았을 때는 상대방이 어떤 말투로 한 말인지 알 수 없어

서 기분이 나빠지기도 해요.

<mark>같은 단어라도 말보다 글이 강한 느낌을 주고, 문자 메시지 등 SNS로 한 대화 기록은 계속 남아 있어요. 그래서 SNS로 의사소통을 할 때는 실제로 만나서 이야기할 때보다 더 조심해야 해요.</mark>

그리고 SNS와 관련된 무서운 사건도 있었어요. 10대 여학생이 나체 사진을 요구하는 상대방에게 자신의 사진을 보낸 사건이에요.

SNS로 주고받은 사진이나 영상을 본인이 아닌 다른 사람이 함부로 인터넷에 올리는 경우가 있어요. 이것을 디지털 성범죄라고 하는데, 이런 촬영물이 온라인상에 퍼지면 당사자인 여학생은 지울 수 없는 상처를 받게 되어요. 한 명한테만 보냈다고 해도 상대방이 나쁜 마음을 먹으면 전 세계 모든 사람이 볼 수 있는 상황이 되어 버리거든요.

댓글로 다른 사람에 대한 욕이나 거짓말을 쓰는 것도 마찬가지예요. 그런 글을 쓰는 건 상대방에게 엄청난 상처를 주는 행동이랍니다. 그리고 만약 그렇게 쓴 글이 문제가 된다면, 경찰 조사와 처벌을 받게 될 수도 있어요.

SNS는 사용하기 쉽고 편리하다는 장점이 있지만, 늘 조심해서 다루어야만 하는 칼과 같아요. SNS를 할 때는 칼을 사용할 때처럼 항상 조심해야 한다는 사실을 잊지 마세요.

저는 초등학생 때는 되도록 SNS를 하지 않는 게 좋다고 생각해요. SNS를 하는 대신, 그 시간에 재미있는 책을 읽거나 다른 공부를 해 보면 어떨까요? 친구와는 학교에서 쉬는 시간에 신나게 함께 놀거나 특별 활동 시간에 실컷 이야기를 나누면 되니까요.

미션 수행 포인트

◆ 공부나 해야 할 일을 할 동안에는 스마트폰을 먼 곳에 두자.
◆ SNS에 너무 에너지를 빼앗기지 않도록 하자.

미션 레벨 업 ▸ 마음에 드는 사람에게 말을 걸어 보자!

'마음에 드는 사람'이란, 이성으로서 좋아하는 감정을 느끼는 사람만이 아니라 친해지고 싶다는 생각이 드는 사람을 말하기도 해요. 마음에 드는 사람이 생기면 그 사람과 이야기를 나누어 보고 싶지 않나요? 우선은 "지난번에 봤던 ○○ 재미있더라.", "너는 뭘 좋아해?", "숙제 이렇게 하면 되는 거야?"처럼 가벼운 이야기로 대화를 시작해 보세요.

가끔 학생들이 저에게 연애 상담을 하러 오곤 해요. 그러면 저는 편하게 말을 걸고, 상대방과 대화를 많이 나누라고 조언해요. 누군가를 좋아하고 만나는 과정을 통해서 어떤 말이나 행동이 다른 사람을 기쁘게 만들고 속상하게 하는지 등 많은 것들을 느끼고 배울 수 있게 된답니다.

자기 관리를 위한
생활 습관 미션

- 7. 손가락으로 가리키며 잊은 물건이 없는지 확인하기
- 8. 약속 시간보다 여유 있게 준비하기
- 9. 계획표 만들고 먼저 해야 할 일에 집중하기
- 10. 일기 쓰기로 매일매일을 좋은 하루로 만들기
- 11. 때로는 참을 줄도 알기
- 12. 우선순위 정하고 1순위부터 하기

**자기 관리를 위한
생활 습관 미션 7**

손가락으로 가리키며
잊은 물건이 없는지 확인하기

"아차, 가장 중요한 걸 깜빡하고 안 가져왔네!"

혹시 여러분도 이런 경험이 있나요? 예를 들면, 학교에 도착해서 가방을 열었는데 필기도구를 집에 두고 왔다거나 물건을 사러 갔는데 지갑을 안 가져온 경우처럼 말이에요.

저도 약간 덜렁대는 성격이라 자주 깜빡깜빡해요. 제가 초등학생 때의 일인데요, 1교시가 시작되고 수업에 필요한 교과서를 꺼내려다가 그제야 책가방을 안 메고 왔다는 걸 깨닫고는 어찌나 어이가 없었는지 몰라요. 그래서 저는 잊어버리는 물건이 없도록 손가락으로 가리키며 확인하는 습관을 들였어요.

제가 자주 깜빡하는 물건은 지갑, 스마트폰, 안경이에요. 이 세 가지는 없으면 정말 곤란한 물건이지요. 그래서 저는 집을 나서기 전에 "지갑, 스마트폰, 안경." 하고 소리 내어 말하면서 가방 안에 그것들이 들어 있는지 손가락으로 하나하나 가리키며 확인해요.

장소를 옮길 때도 주의가 필요해요. 저는 식사를 마친 후 음식점에서 나올 때나 택시에서 내릴 때 "지갑, 스마

트폰, 안경."이라고 말하면서 손가락으로 확인하고 있어요. 이렇게 확인을 한 뒤로는 소지품을 내려놓고 오는 횟수가 크게 줄었어요.

  이 방법은 대학생 때 자취를 했던 제 친구에게 배운 거예요. 그 친구는 밖에 나왔다가 가스레인지 밸브를 잠갔는지, 현관문을 잘 잠갔는지 생각이 나지 않아 불안해서 집으로 되돌아간 적이 많았다고 해요. 일부러 다시 집에 돌아가서 확인하는 건 아주 번거로운 일이지요.

  그러던 어느 날, 기차 운전사가 출발 전에 앞뒤를 보면서 "전방 오케이, 후방 오케이!" 하고 확인하는 모습을 보았대요. 그 모습에서 힌트를 얻어 그때부터 "가스 오케이, 열쇠 오케이!"라고 말하면서 손가락으로 가리키며 확인하기 시작했대요. 그랬더니 마음이 불안해 다시 집으로 돌아가서 확인하는 일이 없어졌다고 했어요.

  ==다음 날에 필요한 준비물은 잊어버리지 않도록 미리 챙겨 놓는 게 좋아요. "교과서 오케이, 필통 오케이." 이렇게 말하면서 손가락으로 가리키며 확인해 두면 나중에 불안해지지 않아요.== 당일 아침에는 분명 정신이 없을 테니까 전날에 미리 가방 속에 전부 넣어 두세요.

제가 가르치는 대학생 중에도 중요한 물건을 깜빡하고 집에 두고 오는 학생들이 많아요. 한번은 아주 힘들게 끝낸 과제를 집에 두고 온 학생이 있었어요. 과제의 데이터를 USB 메모리에 잘 저장해 두고는 그만 USB를 깜빡하고 안 가져온 거지요. 힘들게 한 과제일 텐데 얼마나 속상했을까요? 저는 그 학생에게 손가락 확인법을 가르쳐 주었어요. 여러분도 숙제를 다 하면 바로바로 가방에 넣어 두세요.

잊은 물건이 없도록 확인하는 습관은 평생 도움이 될 거예요. 지금부터 손가락으로 가리키며 확인하는 습관을 몸에 익혀 두세요.

미션 수행 포인트

◆ 장소를 옮길 때는 소지품을 손가락으로 가리키며 확인하자.
◆ 준비물은 미리 챙겨 놓자!

**자기 관리를 위한
생활 습관 미션 8**

약속 시간보다 여유 있게 준비하기

저는 초등학생 때 지각 대장이었어요. 매일 등교 시간에 딱 맞춰 아슬아슬하게 집에서 출발했거든요. 늦어서 지각할 것 같을 때는 건널목의 신호가 초록색에서 빨간색으로 바뀌려고 할 때 무리하게 건너기도 했어요. 정말 위험한 행동이었지요. 그때는 지각을 안 하는 게 제 인생의 미션 중 하나였어요.

그런 저에게 누군가 이렇게 말했어요. "서두르게 되는 건 정말 좋지 않아. 그러니까 나중에 시간에 쫓겨 서두르

==게 되지 않도록 조금 일찍 출발해서 목적지에 미리 도착하는 게 좋아. 그러면 남은 시간 동안 마음 편하게 있을 수 있거든."==이라고요.

 약속 시간에 늦는 상황이 되면, 우리는 불안해져요. 그러면 심장이 빨리 뛰고 호흡도 불안정해져서 긴장 상태가 되지요. 우리 몸이 스트레스를 받는 거예요. 이렇게 스트레스를 자주 받으면 건강에 좋지 않아요. 건강을 위해서라도 목적지에 조금 일찍 도착하는 게 중요해요.

 약속 시간의 5분 전이나 10분 전에 도착할 수 있도록 미리 목표 시간을 정해 두세요. 10분 전에 도착하는 걸 목표

로 한다고 해도 실제로는 5분 전에나 도착하게 될 확률이 높아요. 그런데 만약 도착해야 할 시간에 딱 맞춰 출발했다면 5분 지각을 했겠지요. 그러니까 원래 도착해야 할 시간보다 조금 일찍 도착하도록 목표 시간을 정하세요. 시간 여유가 있으면 버스나 지하철이 조금 늦게 오더라도 늦지 않게 도착할 수 있어요.

시간 약속을 지키는 건 정말 중요해요. 제가 가르치는 대학생 중에 도쿄에 사는 학생이 있었어요. 그 학생은 규슈에 있는 학교에서 교생 실습을 하게 되었는데, 실습 전 회의에 15분 정도 지각을 했대요. 그런데 지각 때문에 그만 실습이 취소되고 말았어요. 도쿄에서 비행기를 타고 규슈까지 갔는데 실습을 하지 못하게 된 거지요. 실습을 못하면 학교 선생님이 될 자격증을 딸 수 없어요. 겨우 15분이라고 생각할지도 모르지만, 지각은 지각이니까요.

어떤 축구팀에서는 연습 시간에 지각한 선수를 주전에서 제외한다고 해요. 일류 선수라도 절대 봐주지 않는대요. 이건 어느 분야라도 마찬가지예요. 그러니까 시간 약속을 잘 지키는 습관을 몸에 익혀 두는 게 좋아요.

저 역시 시간 약속을 잘 지키지 못한다는 약점을 극복하기 위해 열심히 노력했어요. 당연하지만 선생님이 된 저는 이제 학교 수업 시간에 늦지 않고 제시간에 교실에 도착한답니다. 만약 지하철에 문제가 생겨 학교에 늦으면 학생은 선생님에게 지하철이 연착되었다는 증명서를 제출하면 되지만, 선생님이 학생에게 증명서를 제출할 수는 없으니까요.

여러분도 시간 여유를 두고 미리미리 준비해서 꼭 시간 약속을 잘 지키는 사람이 되세요. 준비하는 데 시간이 오래 걸려서 지각하는 친구도 있을 거예요. 그렇다면 전날에 미리 준비를 다 해 두거나 평소보다 10분 더 일찍 준비를 시작하는 등 자기에게 맞는 방법을 찾아보세요.

미션 수행 포인트

◆ 예정된 출발 시간이나 도착 시간보다 좀 더 일찍 움직이자.
◆ 당일에 서두르지 않도록 전날 준비를 끝내 놓자.

**자기 관리를 위한
생활 습관 미션 9**

계획표 만들고
먼저 해야 할 일에 집중하기

여름 방학이나 겨울 방학과 같은 긴 방학은 미리 계획표를 만들어 두면 알차게 보낼 수 있어요. '이날은 ○○하기 위해서 □□하기'와 같이 목적과 해야 할 일을 확실하게 정해 놓는 거지요. 그러면 '이것도 해야 하고 저것도 해야 하는데…….'라며 고민할 필요가 없어서 해야 할 일에 더욱 집중할 수 있답니다.

계획 세우기가 긴 방학에만 해당하는 건 아니에요. 예를 들어 축구 시합 날이 결정되었어요. 그러면 그때까지 어떤 준비가 필요할까요? 시합 날까지 며칠 남았는지 계산해 보면 '□일까지 ○○는 꼭 할 수 있도록 연습하자.'와 같은 구체적인 목표가 머릿속에 떠오르게 될 거예요. 계획표가 있으면 하루하루를 보람차게 보낼 수 있어요.

예전에 <NHK 홍백가합전>이라는 큰 무대에 서게 된 요아소비(YOASOBI)라는 그룹의 보컬 이쿠라가 이런 말을 했어요. 텔레비전에서 처음으로 노래를 부르게 된 무대가 바로 홍백가합전이라고요. 그래서 그 무대를 위해서 연습 계획을 철저하게 세웠고 온 힘을 다해 연습했대요. 무대에 선 뒤 이쿠라는 "100점은 아니더라도, 저희가

할 수 있는 한 온 힘을 다해 노래했다고 자신합니다."라고 말했어요. 이 말처럼 '온 힘을 다 쏟아부었다.'라는 사실이 중요해요.

　공부도 마찬가지예요. 가고자 하는 학교가 있다면 입학시험을 위해 준비해야 해요. 1년 전, 2년 전, 3년 전부터 준비를 시작해야겠지요. 여러분이 지금부터 계획을 세우고 그대로 실천한다면 분명 어른이 되어서도 자기가 맡은 일을 잘할 수 있을 거예요.

　목표가 생겼다면 계획표를 만들어 실천하세요. 만약 생각했던 대로 잘되지 않으면 계획을 고치면 돼요.
　예를 들어 어떤 일을 일주일 안에 끝내려고 계획했는데, 일주일 동안 반 정도밖에 끝내지 못했어요. 그렇다면 거기서 포기하는 게 아니라, 계획을 새로 세우고 일을 끝내기 위해 노력하는 거지요.

　저는 수첩에 계획을 적을 때 세 가지 색 볼펜을 사용해요. 매우 중요한 일은 빨간색, 약간 중요한 일은 파란색, 기대되는 일은 초록색으로 기록하지요.

꼭 해야 하는 일은 옆에 네모 칸(□)을 만들어 두고 그 일을 끝내면 표시(☑)를 해요. 이렇게 했더니 해야 할 일을 깜빡하고 잊는 일이 줄어들었어요.

하루 중에 내가 좋아하는 일과 꼭 해야 하는 일을 모두 할 수 있도록 계획을 세워 보세요. 이 두 가지를 균형 있게 하면 하루를 알차게 보낼 수 있답니다.

미션 수행 포인트

◆ 발표회나 시합을 앞두고 있다면 미리 계획표를 만들자.
◆ 목적과 해야 할 일을 정확하게 정하고 계획적으로 실천하자.

자기 관리를 위한 생활 습관 미션 10

일기 쓰기로
매일매일을 좋은 하루로 만들기

예전에 무술을 배운 적이 있어요. 그때 '무술 일기'라는 걸 썼는데, 그날 연습한 것이나 다음에 연습할 것들, 또는 그날의 반성할 점이나 구체적인 목표 등을 써 두었지요. ==일기를 쓰면 내가 지금 무엇을 열심히 하고 있는지 확실히 알 수 있고, 의욕이 더 높아지는 효과가 있어요.==

여러분도 노트를 한 권 준비해서 '나의 노트'를 만들어 보세요. 노트에 이런 일이 있었고, 그래서 이렇게 했다고 일기나 기록으로 남겨 두는 거예요. 목표를 써 두어도 좋겠지요. 새롭게 깨달은 것들이나 해 보고 싶은 것도 메모해 두고요. 가끔 다시 꺼내 읽어 보면 내가 변화한 모습을 볼 수 있어서 참 재미있고 뿌듯하답니다.

스마트폰과 같은 디지털 기기에 기록을 남기는 것도 좋지만, 저는 노트에 직접 쓰는 걸 더 좋아해요. 내 손으로 직접 쓴 글씨를 보면 더욱 애착이 생기고 기억에도 많이 남거든요.

제가 추천하는 방법은 오늘 열심히 한 일이나 즐거웠던 일을 쓰고, 그 옆에 '스마일 표시 😊'를 그려 넣는 거예요.

특별히 즐거웠던 일이 없는 날이라면, '치킨이 맛있었다. 😊', '게임에서 좋은 아이템을 땄다. 😊'와 같이 사소하지만 기분이 좋았던 일을 찾아내서 옆에 스마일 표시를 그려 넣어요. 그러면 '오늘도 행복한 하루였구나.'라는 생각이 든답니다.

==매일매일 '오늘도 좋은 하루'라고 생각하면서, 작은 것에도 기쁨을 느끼는 습관을 익혀 가는 거예요.==

온종일 안 좋은 일들만 있었던 날도 있을 거예요. 그런 날에는 내 기분을 끌어올릴 수 있는 것을 찾아보세요. 저는 항상 가방에 초콜릿을 넣어 두고 기분이 좋지 않을 때 꺼내 먹어요. 아이스크림콘도 좋아하는데, 먹을 때 겉의 과자가 바삭하고 씹히는 소리를 들으면 기분이 한결 좋아진답니다.

예전에 부원들의 실력이 매우 빠르게 향상된 운동부가 있어서 운동부 선생님께 지도 방법에 관해 물어본 적이 있어요.
선생님께서는 부원들에게 노트를 쓰라고 하시면서, 목표가 눈에 확실히 보이도록 기록하라고 지시하셨대요.

부원들은 노트에 자신의 목표를 쓴 뒤, 그 목표를 이루기 위해 지금 해야 하는 것들을 기록했대요. 그렇게 했더니 팀 전체의 성적이 매우 좋아졌다고 해요.

10대는 매우 중요한 시기예요. 10대 시절을 어떻게 보냈는지에 따라 인생이 달라지기도 해요. 중요한 건 어떻게 하면 그 시간을 충실하게 보낼 수 있을지 생각하면서 지내는 거예요. 일기를 쓰면서 자기가 정말 열정적으로 할 수 있는 일이 무엇인지 곰곰이 생각해 보세요.

미션 수행 포인트

◆ 일기를 써서 내가 지금 무엇을 열심히 하고 있는지 파악하자.
◆ '오늘도 좋은 하루'라고 느낄 수 있는 걸 찾고 스마일 표시를 하자.

자기 관리를 위한 생활 습관 미션 11

때로는 참을 줄도 알기

여러분은 '인내'라는 단어를 들으면 어떤 생각이 드나요? 하고 싶은 걸 하지 못하고 참아야 하니 괴로울 것 같나요? 인내는 인생에서 아주 중요한 과제예요.

때로는 하고 싶은 게 있더라도 참고 해야 할 일을 할 때 자제력이 생겨요. 자제력이란 자신의 감정이나 욕구를 잘 참고 조절할 수 있는 힘을 말해요. 자신의 감정이나 욕구를 조절한다는 건 괴로운 일이 아니라 오히려 기분 좋은 일이에요. 왜냐하면, 자기 마음대로 하고 싶은 충동을 이겨 내고 있기 때문이지요.

　예를 들어, 자제력이 부족한 사람은 좋아하는 과자를 이미 너무 많이 먹었다는 걸 알면서도 참지 못하고 계속해서 먹어요. 어떤 사람은 게임을 너무 좋아해서 밤늦게까지 잠도 안 자고 게임만 해요. 그러다가 학교에 가서는 잠이 부족해서 수업 시간에 졸기도 하고요. 공부는 안 하고 동영상만 보는 학생도 있어요. 모두 자제력이 부족하기 때문이에요. 하고 싶은 걸 하지 못하는 괴로움을 참고 견딜 수 있는 인내력은 다양한 상황에서 꼭 필요한 힘이랍니다.

어떤 충동을 느낄 때마다 '조금만 더, 조금만 더 참아 보자.' 하며 인내하는 연습을 계속해 보세요. 그러면 인내하는 게 점점 쉽게 느껴질 거예요. 물론, 하고 싶은 일을 하며 느끼는 해방감도 매우 중요해요. 하지만 가끔은 인내를 통해 자제력이 강해지는 경험을 해 보는 것도 아주 값진 일이랍니다.

저축은 자제력을 키울 수 있는 연습 중 하나예요. '다음 달이면 또 용돈을 받을 테니까 지금 가지고 있는 돈은 다 써도 괜찮아. 그러니까 전부 다 써 버려야지.'라고 생각할 수도 있어요. 하지만 꾹 참고 조금씩 저축하면 점점 돈이 쌓이는 즐거움도 느낄 수 있고, 자기 자신에 대한 믿음도 생겨요.

자제력이 부족한 사람은 어른이 되어서도 계획 없이 돈을 펑펑 쓰게 돼요. 그러면 가지고 있던 돈이 금방 없어져서 다른 사람에게 돈을 빌릴 수밖에 없고, 남에게 빌린 돈마저 금방 다 써 버리는 악순환을 반복하지요. 저축은 인내의 기본이에요. 사고 싶은 걸 살 수 있는 돈이 있더라도 일부러 참는 연습을 해 보세요. 그러다 보면 인내력이 강해지고, 충동을 참을 수 있는 자제력이 키워질 거예요.

==참고 자제하는 게 힘들다고 느껴질 때는 심호흡을 해 보세요.== 먼저 '후' 소리를 내며 입으로 숨을 내쉬어요. 배와 등이 만날 정도로 길게 숨을 전부 내뱉는 거예요. 숨을 전부 내쉬었으면 그다음에는 코로 숨을 들이마시고, 다시 입으로 숨을 내쉬는 걸 반복해요. 이렇게 천천히 호흡하다 보면 기분이 편안해지는 걸 느낄 수 있어요.

위로 점프하면서 '후, 후' 하고 숨을 짧게 내쉬는 방법도 좋아요. 이렇게 하면 들숨과 날숨이 빠르게 교차하면서 우울했던 기분이 싹 날아간답니다.

미션 수행 포인트

◆ 저축을 통해 자제력을 키우자.
◆ 참는 게 힘들다고 느껴질 때는 심호흡을 하자.

자기 관리를 위한 생활 습관 미션 12

우선순위 정하고 1순위부터 하기

이 세상을 살아가기 위해 가장 필요한 힘은 바로 우선순위를 결정하는 능력이라고 생각해요.

예를 들어, 집에 불이 났을 때 무엇보다 가장 먼저 해야 할 일은 무엇일까요? 그건 집 밖으로 뛰쳐나가 자신과 가족의 생명을 지키는 일이에요. '내 가방! 그게 얼마짜리인데…….', '내 소중한 인형이 집 안에 있어.'라면서 그걸 가지러 다시 집 안으로 들어간다면 목숨을 잃게 될지도 몰라요. 이건 우선순위를 잘못 결정한 거예요.

또, 의사가 되는 게 꿈이지만 공부는 하지 않고 계속 놀기만 하는 사람이 있다면 어떨까요? 뒤늦게 정신을 차린다고 해도 이미 지금까지 받은 성적 때문에 의대에 들어가는 건 불가능할지도 몰라요. 이것도 우선순위를 잘못 정했기 때문이에요.

인생은 수많은 선택이 모여서 이루어져요. 여러분은 이 책을 읽고 우선순위를 정하는 방법을 배우면 좋겠어요. 먼저 종이를 한 장 준비한 뒤, 지금 하고 있는 일 중에서 우선순위 1위, 2위, 3위를 써 보세요.
세 가지를 다 썼으면, 우선순위가 1위인 일에 집중해요.

==1위인 일을 다 끝내면 이어서 2위로 정한 일을 시작하는 게 아니라, 그 시점에서 가장 중요한 일이 무엇인지 다시 생각해서 우선순위 1위를 정해요.== 이 방법은 '현대 경영학의 아버지'라고 불리는 경영학자 피터 드러커가 추천하는 방법이에요.

보통은 1순위로 정한 일을 다 끝낸 뒤 2순위로 정한 일을 하고, 그 일도 끝나면 3순위로 정한 일을 해요. 그런데 피터 드러커는 무조건 1순위에 집중하라고 말해요. 그만큼 우선순위 1위가 중요하다는 뜻이에요.

우선순위를 결정하는 능력은 공부할 때도 도움이 돼요. 시험을 앞두고 있다면, 우선순위 1위는 당연히 시험공부일 거예요. 이때 교양을 쌓기 위한 독서나 자기개발을 위한 취미 연습은 2순위, 3순위로 밀려나겠지요. 시험 기간에는 이렇게 우선순위 1위인 시험공부에 집중하는 것이 좋아요.

==항상 가장 중요한 걸 먼저 하는 연습을 계속하다 보면 중요한 걸 선택할 줄 아는 힘을 기를 수 있어요.== 그러면 해야 할 일의 순서를 틀리지 않기 때문에, 모든 일이 순조롭게 이루어져요.

우선은 시간이 급한 일부터 처리하는 게 좋아요. 우선순위를 잘못 정해서 숙제를 뒤로 미루면 제시간에 제출하지 못하게 되는 일도 있어요.

주변 사람들을 살펴보면, 우선순위가 높은 일인데도 그 일을 먼저 하지 않는 사람이 의외로 많아요. 여러분은 우선순위 1위가 무엇인지 시시때때로 생각해 종이에 기록한 뒤 확인하는 습관을 익혔으면 좋겠어요. 1위, 2위, 3위를 순서대로 종이에 써 놓고 일을 시작하는 습관이 몸에 익으면 그다음에는 머릿속으로만 생각해도 일을 잘 진행할 수 있게 돼요.

우선순위를 정한 뒤 일을 시작하기! 이 간단한 방법만으로도 놀라운 변화가 일어난답니다.

미션 수행 포인트

◆ 우선순위 1위, 2위, 3위를 종이에 써 보자.
◆ 가장 중요한 일을 먼저 하는 습관을 갖자.

미션 레벨 업 생활 속 호기심 노트를 만들자!

"이건 뭐지?", "이건 어떤 구조로 이루어져 있는 걸까?" 이렇게 호기심이 생길 때는 먼저 머릿속으로 추리해 보세요. 그런 다음에 책이나 인터넷에서 찾아보면, '아! 이런 거였구나.' 하고 쉽게 이해할 수 있어요. 바로 '물음표(?)'가 '느낌표(!)'로 바뀌는 순간이지요. 추리를 하고 확인을 거치는 반복은 뇌의 활성화에 도움이 돼요.

　예전에 과학자 한 분을 만난 적이 있는데, 자신의 호기심들만 모아 놓은 '호기심 노트'를 만들었대요. 그런데 그 노트만큼은 아무에게도 보여 줄 수 없다고 하더라고요. 호기심은 위대한 발견의 씨앗과도 같은 거니까요. 호기심이라는 건 엄청난 가치가 있어요. 여러분도 자기만의 '호기심 노트'를 만들어 보세요.

미래를 위한
공부 습관 미션

- 13. '해 보자!' 마음먹고 공부하기
- 14. 예습과 복습으로 공부 자신감 높이기
- 15. 세상과 사람을 위해 할 수 있는 일 생각하기
- 16. 틀려도 괜찮아! 내 생각 말하기
- 17. 책과 작가를 내 인생의 친구로 삼기
- 18. 두뇌 회전을 위해 소리 내어 책 읽기

미래를 위한 공부 습관 미션 13

'해 보자!' 마음먹고 공부하기

"공부는 왜 해야 하는 걸까?" 이런 생각을 해 본 적이 있나요?

저는 원래 공부보다 운동을 좋아했어요. 엉덩이가 들썩거려서 책상 앞에 가만히 앉아 있는 게 힘들었지요. 공부하면서 '이런 건 평생 쓸 일이 없을 것 같은데, 왜 알아야 하는 거지?'라고 불만을 가진 적도 있어요. 하지만 공부를 많이 하면 얻는 것이 많다는 걸 이제는 알아요. 공부해야 할 시기에 공부했던 경험이 자신감을 키워 주었고, 그 자신감이 지금도 저를 지탱해 주고 있거든요.

적당히 시간만 때우는 공부는 아무 의미가 없어요. '해 보자.'라고 스스로 결심하고 공부하는 게 중요해요.

여러분은 혹시 자신이 '공부를 못하는 사람'이라고 생각하나요? 만약 그렇다면 정말로 공부를 못하는 건지 물어보고 싶어요. 공부를 못하는 게 아니라, 공부할 '마음먹기'를 못 한 게 아닌가요?

의욕이 부족한 것을 '나는 공부를 못해.'라고 착각한 거라면 너무 안타깝잖아요. 우선은 5분이라도 좋으니 한번 시작해 보세요. 자전거 페달을 밟는 것처럼 처음만 조금 힘들 뿐 그다음부터는 쉽게 굴러가는 일들도 있으니까요. 공부도 그중 하나랍니다.

저는 의욕을 높이기 위해 초시계를 자주 사용해요. 초시계의 '삐' 소리를 들으면 '그래, 한번 해 보자!'라는 생각이 들거든요.

어렸을 때부터 '귀찮긴 하지만, 열심히 해 보자!' 하고 열심히 공부한 경험이 있는 사람은 어른이 되어서도 어떤 일이든 '해 보는' 쪽을 선택할 거예요. **별거 아닌 것 같지만 이렇게 '해 보는' 쪽을 선택한 경험이 백 번, 천 번 쌓이면 엄청나게 큰 힘이 된답니다.**

세계는 지금 지구 온난화 현상으로 위기를 겪고 있어요. 급격한 기후 변화, 해수면 상승 등 인류의 생존을 위협하는 온난화 문제에 대해 전문적인 지식이 없는 사람은 효과적인 대책을 생각해 내기 어려워요. 하지만 전문적으로 그 분야를 공부한 과학자는 더욱 효과적이고 새로운 해결책을 내놓을 수 있지요.

또 감염병 유행이 심각한 시기에 우리가 의지할 수 있는 건 의사나 간호사, 또는 백신을 개발하는 연구원처럼 공부를 많이 한 사람들이에요. 그런 사람들이 있기에 우리가 일상생활을 이어 나갈 수 있는 거예요.

예로부터 사람들은 공부를 통해 인격을 높여 나가야 한

다고 생각했어요. 먼저 공부를 통해 지식을 쌓으면, 그 지식을 바탕으로 인격이 형성되고 성숙해질 수 있다고 여겼기 때문이에요.

공부는 자신의 잠재력과 가능성을 키우는 일이에요. 공부를 많이 하면 인생의 선택지가 매우 다양해져요. 내가 원하는 직업을 선택해서 일할 수 있어요. 좋아하는 일을 하는 건 사람이 행복을 느끼는 데 아주 중요한 요소예요.

여러분도 열심히 공부해서 다양한 지식을 쌓고, 많은 생각을 해 보길 바라요.

미션 수행 포인트

◆ "해 보자!"라는 작은 결심을 켜켜이 쌓아 큰 힘을 만들자.
◆ 공부를 해서 인생의 선택지를 늘리자.

**미래를 위한
공부 습관 미션 14**

예습과 복습으로 공부 자신감 높이기

아직 배우지 않은 내용을 미리 훑어보는 걸 '예습'이라고 해요. 저는 공부가 어렵다고 생각하는 친구들에게 예습을 추천해요. 수업 시간에 배울 내용을 미리 알고 있으면 선생님의 설명을 들을 때 쉽게 이해가 된답니다.

예를 들어, 혼자서 한 번도 가 본 적이 없는 곳에 지하철을 타고 찾아가야 한다고 생각해 보세요. 도시에는 많은 지하철 노선들이 얼기설기 얽혀 있어서 매우 복잡하지요. 그럴 때는 출발하기 전에 지하철 노선도를 미리 봐 두어서 어디쯤 몇 호선이 지나가는지, 어디서 갈아타야 하는지를 대강 알아 두세요. 그러면 처음 가 보는 곳이라도 당황하지 않을 수 있고 마음 편하게 목적지까지 갈 수 있어요. 아무런 준비나 연습 없이 바로 행동하는 것보다 마음에 여유가 생기게 되지요.

예습은 미리 머릿속에 지도를 그려 놓는 것과 같아요. 가는 길을 대충이라도 알고 있으면 마음이 든든해지는 법이지요.

저도 예습을 통해 성적이 오른 경험이 있어요. 중학생 때 수학 성적이 그다지 좋지 않았는데, 어떻게 하면 성적을 올릴 수 있을지 고민하다가 친구와 같이 예습을 해 보

기로 했어요. 봄 방학 기간에 다음 학년에서 배울 내용을 미리 한 번 보고 갔더니 수학 점수가 확 오르더라고요.

 예습을 해 두면 배울 내용을 미리 익혀 두니까 수업 시간은 확인 과정, 즉 복습이 돼요. 예습한 덕분에 수업 내용이 훨씬 쉽게 느껴지기도 하고요. '이런 내용을 배우는구나.' 하고 교과서를 한번 훑어보거나 소리 내어 한 번 읽어 보기만 해도 많은 도움이 돼요.

 이제 '복습'에 대해서도 이야기할게요. 여러분은 학교 시험에서 틀린 문제를 다시 풀어 보나요? 누구나 실수를 하고, 실수를 통해 배우고 성장해요. 틀린 문제는 복습을 통해서 다음에는 틀리지 않도록 노력하면 돼요.

 문제집을 풀 때는 그날 공부할 양을 정한 뒤에 문제를 풀고 채점해 보세요. 그다음에는 틀린 문제만 다시 풀고, 채점하는 거예요. 이렇게 다섯 번 정도 반복하면 좋아요.

 자신이 자주 틀리고 부족한 부분이 무엇인지 아는 게 가장 중요해요. 가벼운 마음으로 끝까지 한번 풀어 보세요. 잘 모르는 문제가 있으면 표시를 해 두고 정답을 찾아봐도 괜찮아요. 정답을 보면서 깊이 생각하고 이해하면 되는 거예요.

"잘못을 고치지 않는 것, 그것이 바로 잘못이다." 중국의 철학자 공자가 《논어》에서 한 말이에요. 잘못을 저지르고도 바꾸려 하지 않고 고치지 않는 것, 이러한 태도야말로 잘못이라는 의미이지요.

<mark>틀린 것이 있으면 바로 그 자리에서 고치고 같은 실수를 반복하지 않는 것! 이것이 복습의 힘이에요.</mark> 자신의 부족한 부분을 찾아내서 그 부분을 극복하기 위해 꾸준히 연습을 계속하면, 언젠가는 분명 잘할 수 있게 돼요. 이런 과정은 어른이 되고 나서도 많은 도움이 된답니다.

미션 수행 포인트

◆ 수업 전에 교과서를 한 번 훑어보자.
◆ 실수는 성장의 밑거름! 계속해서 도전하자.

미래를 위한 공부 습관 미션 15

세상과 사람을 위해 할 수 있는 일 생각하기

공부는 나 자신만을 위해 하는 걸까요? 여러분은 혹시 '더 나은 세상을 만들고 싶다.', '다른 사람들에게 도움이 되고 싶다.'라는 생각을 해 본 적이 있나요?

중국 송나라 황제 휘종은 "배운 사람은 벼와 같고, 배우지 않은 사람은 풀과 같다. 벼는 나라의 좋은 양식이고 세상의 큰 보배다."라고 말했어요. 배움은 나 자신을 위한 것이기도 하지만, 더 나은 나라와 세상을 만드는 데도 도움이 된다는 의미이지요.

예를 들어, 다리를 놓거나 건물을 세우는 일은 자기 자신뿐만 아니라 많은 사람들의 생활을 편리하게 만들어 주는 일이에요. 마찬가지로, 몸이 불편하거나 나이가 많은 사람을 돕는 일, 병을 치료하는 약을 개발하는 일도 자신뿐 아니라 다른 사람들의 생활을 풍요롭게 하지요.

'세상을 위해, 사람을 위해'라는 말은 제가 초등학생 때 자주 듣던 말이에요. 동화 작가인 미야자와 겐지는 "세계가 전부 행복해지지 않으면 개인의 행복은 있을 수 없다."라는 말을 하기도 했어요.

이 세상과 사람들을 위한 일이라고 하면 뭔가 특별하고

==위대한 일을 해야 할 것 같은 생각이 들지도 몰라요. 하지만 그렇게 어렵게 생각할 필요는 없어요.==

 어른이 되면 많은 사람이 자신의 직업을 가지고 일을 하게 되지요. 일해서 자신이 사는 지역이나 나라에 '세금'이라는 돈을 내고요. 이런 세금은 사람들이 조금 더 편리하게 생활할 수 있도록 도로를 정비하고 다리를 놓거나, 노인들의 생활을 지원하는 데에 사용돼요. 일해서 세금을 낸다는 건 결과적으로 더 나은 세상을 만드는 일과 연결돼요.

 저는 집 앞마당에 잔디를 예쁘게 가꾸고 싶었어요. 하지만 제가 심은 잔디는 매번 시들어 버렸어요. 잔디에 관한 지식이 부족했기 때문이지요. 그런데 공원에 가면 아름답게 가꿔진 잔디를 볼 수 있어요. 잔디에 관한 지식이 풍부하고, 식물에 대해 많이 공부한 사람이 가꾸고 있기 때문이에요. 이처럼 여러분이 공부한 전문 지식은 다른 사람을 즐겁게 하거나 도움을 주는 데 활용될 수 있어요.

 아무런 지식도 없으면서 지금 당장 더 나은 사회를 만들고 싶다고 생각한다면 분명 한계에 부딪히게 될 거예요. 세상과 사람들을 위해서 무슨 일을 하면 좋을지 아직 잘 모르겠다면 우선은 다양한 분야를 공부하면서 지식을 쌓아 가는 게 좋아요. 그러다가 자신이 잘할 수 있는 분야를 찾고, 능력을 키워 나간다면 자기 자신과 이 세상 모두를 행복하게 만들 수 있게 될 거예요.

'세상을 위해, 사람을 위해서 무언가를 한다.'라는 건 지금까지 열심히 공부해 온 자신의 역량을 발휘하는 일이에요. 그 결과는 만족감과 보람으로 자기 자신에게 되돌아올 거예요.

미션 수행 포인트

- ◆ 일해서 세금을 내는 것도 세상에 도움 되는 일임을 알자.
- ◆ 우선은 공부를 통해 지식을 쌓자.

**미래를 위한
공부 습관 미션 16**

틀려도 괜찮아! 내 생각 말하기

 학생들과 이야기를 할 때 "우선 학생의 의견을 말해 봐요."라는 말을 입버릇처럼 달고 산 적이 있었어요. 그런데 제가 이렇게 말하면 당황하는 학생들이 많았어요. 갑자기 자신의 의견을 말해 보라고 하니 가슴이 덜컥 내려앉고 머릿속이 하얘진 것이지요. 여러분도 그럴 때가 있나요?

 세상은 늘 빠르게 변화해요. 지금은 당연한 일이 나중에는 당연하지 않은 일이 될지 몰라요. 그래서 다가올 시대에는 스스로 생각하고 결정하고 자기 의견을 표현하는 것이 중요해요.

 학교 공부는 교과서 중심으로 이뤄지고, 평가도 교과서에서 배운 내용을 그대로 확인하는 방법으로 해요. 정답을 맞히기 위해 지식을 그대로 암기하는 방법으로 배우고 있는 거예요. 하지만 스스로 새로운 생각을 만들어 내는 것도 배움의 방법 중 하나예요. 틀려도 괜찮으니 자기 생각이나 의견을 말해 보세요.

 '모두가 그렇다고 하니까 그게 맞는 거겠지.'라며 주위

사람들의 의견에 따라 결정하지는 않나요? ==비록 주위에 같은 의견을 가진 사람이 없더라도 자기 생각을 뚜렷하게 가지고 스스로 결정하는 태도가 중요해요.==

스스로 결정하는 걸 자꾸 미루면 어른이 되어서도 주체적으로 생각할 수 없게 돼요. 토론 중에 "이번 문제를 해결할 만한 좋은 방안이 없습니까?"라는 질문이 나오면 "글쎄요."라는 대답밖에 못하는 사람이 되는 거예요. 지금 저쪽에서 적들이 몰려오고 있다고 상상해 보세요. 위기의 상황에서 어떻게 하면 좋을지 구체적인 아이디어를 내야 해요. 그런데 "글쎄요."라고 말하는 사람들만 있다면 단숨에 적에게 공격당해 무너지고 말 거예요. 어떤 경우라도 뚜렷한 자기 생각을 가지는 게 중요해요.

여러분에게는 몇 년 후의 일이겠지만, 만 18세가 되면 선거 투표권을 갖게 돼요. 고등학교 3학년쯤에는 정치에 참여할 권리가 생긴다는 의미예요. '나는 평소 이런 생각을 가지고 있고, 내가 사는 지역이나 우리나라가 이렇게 되었으면 좋겠어. 그래서 나는 이 사람에게 투표를 할 거야.'라고 스스로 결정할 수 있어야 해요.

자기 의견을 말할 때는 부끄러워하지 말고 용기 있게 당당히 이야기하세요.

단, 함부로 다른 사람에게 상처를 주지 않도록 조심하고, 일방적으로 단정하지 않도록 주의해야 해요.

여러분과 정반대의 의견을 가진 사람이 있을 수도 있어요. 잘 알아보지도 않고 단정해 버리면 사실과 다른 말을 하게 되거나, 일을 그르치게 되는 경우가 생겨요. 사실을 제대로 확인한 후에 의견을 말하도록 하세요.

미션 수행 포인트

◆ 항상 자기 생각과 의견을 갖자.
◆ 다른 사람에게 상처 주거나 단정하는 말을 하지 말자.

미래를 위한 공부 습관 미션 17

책과 작가를 내 인생의 친구로 삼기

여러분은 매일 책을 읽나요? 여러분 정도의 나이라면 이제 글자가 많은 책이나 내용이 어려운 책도 조금씩 읽을 수 있을 거예요. 음식을 잘 먹으면 키가 쑥쑥 자라는 것처럼 책을 열심히 읽으면 마음이 쑥쑥 자란답니다.

저는 중학생 때 가쓰 가이슈가 쓴 《빙천청화氷川淸話》* 라는 책을 읽었는데, 너무 재미있어서 1년 동안 어딜 가든

---
* 일본 에도 시대 말기부터 메이지 시대에 활동한 정치가인 가쓰 가이슈가 자신의 어린 시절과 정치, 인물 등에 관해 쓴 수필집.

늘 가지고 다녔어요. 매일 읽다 보니 꽤 많은 부분을 외울 수 있게 되어서, 마치 그 책을 쓴 작가가 내 안에 살고 있는 듯 느껴질 정도였지요. 한 달이라도 좋으니 여러분도 좋아하는 책을 매일매일 읽어 보세요.

저는 그 책 말고도 프랑스 소설가 쥘 베른이 쓴《달나라 탐험》이라는 판타지 이야기에 푹 빠지기도 했어요. 거대한 대포를 이용해서 우주선을 쏘아 올리는 이야기예요. 저는 책 속에 나오는 우주의 '무중력 상태'가 너무도 궁금했어요. 그래서 여동생에게 몸을 들어 달라고 부탁해서 공중에 뜬 기분을 느껴 보기도 하고, 오토바이 헬멧을 쓰

고 우주 비행사 흉내를 내 보기도 했어요.

　어른이 되면 여러분은 스스로의 힘으로 살아 나가야 해요. 여러분이 혼자서 이 세상 어려움과 맞서 싸울 때, 여러분이 어린 시절에 읽었던 책의 작가나 주인공은 여러분 인생의 '친구'가 되어 줄 거예요. 여러분과 한 팀이 되어서 항상 힘을 줄 거예요.
　저에게는 가쓰 가이슈, 쥘 베른이 그런 존재이지요. 미야자와 겐지도 있고요. 책을 읽는 건 인생의 친구를 내 안에 들어오도록 하는 행동이에요.

　책 속의 세계로 빠져들어 가면 그 세계는 나에게 또 하나의 세계가 돼요. 상상으로 만들어진 멋진 세계가 머릿속에 펼쳐지지요. 이건 굉장히 재미있는 경험이에요.

　책을 읽는 것보다 친구와 함께 노는 걸 더 좋아하는 사람도 있을 거예요. 하지만 친구는 나와 세상을 바라보는 시각이 비슷한 경우가 많아요. 사이좋은 친구는 서로 비슷한 걸 좋아하고 비슷한 생각을 하잖아요. 그러나 책을 쓰는 작가는 여러분이 늘 만나는 친구와는 다른 이야기를 들려주어요. 작가들은 상상력이 풍부하고, 끊임없이 새로운 생각을 해요. 작가들은 이야기를 통해서 친구와의 대화에서는 결코 얻을 수 없는 멋진 아이디어들을 살짝 가르쳐 주지요.

 책은 그렇게 굉장한 거예요. 언제 어디에서나 책장을 펼치기만 하면 그곳에 새로운 세계가 펼쳐진답니다.

미션 수행 포인트

◆ 내용을 외워 버릴 정도로 열심히 책을 읽어 보자.
◆ 좋아하는 작가를 내 인생의 친구로 삼자.

**미래를 위한
공부 습관 미션 18**

두뇌 회전을 위해 소리 내어 책 읽기

저는 소리 내어 책을 읽는 '음독'을 좋아해요. 특히 책을 빨리 읽는 게 뇌 발달에 더욱더 효과적이라고 느꼈어요. 그래서 빠른 속도로 소리 내어 읽는 '속음독'이라는 방법을 생각해 냈지요.

음독은 뇌를 활성화해 생각하는 힘을 기르는 효과가 있어요. 책을 빨리 읽기 위해서는 글자를 읽는 눈의 속도가 빨라져야 해요. 그와 동시에 소리를 내는 입도 정확하게 움직이지 않으면 안 되지요. 그래서 빠른 속도로 소리 내어 읽으면 두뇌 회전이 빨라지게 되는 거예요.

예전에 초등학생들과 함께 나쓰메 소세키의 소설인《도련님》을 소리 내어 읽은 적이 있어요. 소설은 '부모에게서 물려받은 앞뒤 가리지 않는 성격 때문에 어렸을 때부터 나는 손해만 봐 왔다.'라는 문장으로 시작해요.

처음에는 글을 읽는 속도도 느리고 떠듬거렸지만, 읽다 보니 점점 속도가 빨라지고 떠듬거리는 것도 줄었어요. 이렇게 계속하다 보면 뇌의 활동이 활발해지고 두뇌 회전이 빨라져서 빨리 읽는 게 익숙해지지요. 처음에는 글 전체를 소리 내어 읽는 데 6시간이나 걸렸지만, 마지막에는 모두가 빠른 속도로 술술 소리 내어 읽을 수 있게 되었답니다.

속음독을 통해 두뇌 회전이 빨라지면, 다른 일을 할 때도 머리가 잘 돌아가요. 예를 들면 대화를 할 때, 상대방이 다음에 무슨 말을 할지 자연스럽게 예상할 수 있게 되기도 해요. 두뇌 회전을 빨리해 상대방의 생각을 빨리 읽어 냈기 때문이에요.

우선은 1분 안에 읽을 수 있는 문장을 고르세요. 그리고 초시계를 사용해서 시간을 재면서 같은 문장을 세 번 정도 읽어 보세요. 첫 번째는 1분 5초, 두 번째는 1분, 세 번째는 55초, 이런 식으로 조금씩 시간을 줄여 나갈 수 있게 연습해 보세요.

두뇌 회전을 좋게 만드는 습관은 학습을 하는 데도 매우 유용해요. 계산 문제를 빨리 풀게 해 주는 학습법이 있는데, 바르고 정확하게 풀어야 한다는 점에서 속음독과 같은 효과가 있어요. **'바르고 정확하게' 하는 연습을 계속하면 신기하게도 실수가 줄어들어요.**

음독을 열심히 하면, 암송도 할 수 있게 돼요. 암송이란 아무것도 보지 않고 문장을 외워서 말하는 거예요.

여러분은 혹시 '김수한무 거북이와 두루미……'로 시작하는 긴 이름을 들어 본 적 있나요? 저는 초등학생 때 '김수한무 거북이와 두루미 삼천갑자 동방삭 치치카포 사리사리센타 워리워리 세브리깡 무두셀라 구름이 허리케인에 담벼락 담벼락에 서생원 서생원에 고양이 고양이엔 바둑이 바둑이는 돌돌이'를 전부 암송할 수 있었어요.

제 친구 중에는 불교 경전인 《반야심경》을 암송하는 친구도 있었어요. 학교에서 캠프를 하던 날 밤에 깜깜한 텐트 속에서 "아제아제바라아제……." 하고 암송을 해서 깜짝 놀랐던 기억이 나요.

==좋은 문장이나 유명한 문장 등을 찾아서 소리 내어 읽다 보면 왠지 마음이 편안해지는 걸 느낄 수 있을 거예요.==

미션 수행 포인트

◆ 속음독을 할 때는 '빠르고 정확하게' 읽도록 하자.
◆ 암송하고 싶은 문장을 찾아서 외워 보자.

디션 레벨 업 위인전이나 자서전을 읽자!

본받고 싶거나 닮고 싶은 사람이 있으면 살아가면서 길을 잃고 방황하거나 고민이 들 때 많은 도움이 돼요. '그 사람이라면 이런 상황에서 어떻게 했을까?' 하고 차분하게 생각할 수 있거든요. 저는 인생의 롤 모델을 찾는 방법으로 위인전이나 자서전을 읽는 것을 추천해요. 그 인물이 삶을 대하는 방식이나 사고방식 등이 자세하게 기록되어 있기 때문이에요.

제가 초등학생 때 좋아했던 인물은 '료칸'이라는 에도 시대의 스님이었어요. 따뜻하고 순수한 마음을 가진 그분처럼 저 또한 어른이 되어서도 아이들과 함께 즐겁게 놀 수 있는 사람이 되고 싶다고 생각했지요.

부디 여러분도 다양한 분야에서 활약한 사람들의 삶을 통해 많은 것을 배울 수 있으면 좋겠어요.

스트레스를 줄이는
행복 습관 미션

- **19. 몸을 움직여서 에너지 발산하기**
- **20. 음악을 몸으로 느끼기**
- **21. 아름다운 것들을 가까이하기**
- **22. 동물과 교감하며 마음의 긴장 풀기**
- **23. 식물로부터 힘을 얻기**
- **24. 손을 사용하는 놀이 하기**

스트레스를 줄이는 행복 습관 미션 19

몸을 움직여서 에너지 발산하기

  요즘은 게임기나 스마트폰처럼 가지고 놀 수 있는 전자 기기가 많아요. 그래서 아이들이 밖에 나가서 노는 일이 점점 줄어들고 있다고 해요.

  제가 어렸을 때 어떤 섬으로 여행을 간 적이 있어요. 그때 그곳에서 어른들이 모여 걱정하듯 이야기하시는 걸 들었어요. 그 섬은 풍경이 멋지기로 유명한 곳인데, 아이들이 모두 전자 기기로 하는 게임에 푹 빠져서 밖에 나와서 노는 아이들이 별로 없다는 거였어요.

제가 초등학생 때는 오후 서너 시쯤 수업이 끝나면 친구들과 학교에서 5시까지 신나게 놀았어요. 하교 후에는 동네에서 놀다가 어두워지면 그제야 집으로 돌아갔지요. 요즘 어린이들은 좀 더 일찍 집으로 돌아갈 테지만, 예전에는 계속 밖에서 놀았어요. 친구들과 야구나 축구 등 여러 가지 놀이를 했지요.

매일매일 몸을 움직이면, 몸과 마음에 생기가 넘쳐요. 에너지가 솟아나기 때문이지요.

몸이 피곤해질 때까지 신나게 놀고 나면 일찍 잠에 들게 돼요. 그러면 자는 동안 그날 쌓인 피로는 풀리고, 에

너지가 채워져요. 자면서 채워진 에너지를 다음 날 사용하고, 다시 밤에 에너지를 채워서 다음 날 쓰는 거지요. 에너지는 쓰면 쓸수록 더 많이 생겨요.

이건 제 개인적인 느낌이지만, 하루에 100만큼의 힘을 사용했다면, 다음 날은 105 정도의 힘이 생겨나는 것 같아요. 그리고 105의 힘을 전부 사용하고 나면, 다음 날은 110 정도의 힘이 생겨나고요.

여러분은 혹시 근육 운동을 해 본 적이 있나요? 저는 '레그 프레스'라는 다리 운동을 열심히 한 적이 있어요. 그때 에너지가 점점 더 늘어나는 경험을 했어요. 레그 프레스는 전용 기구에 앉아 다리를 앞으로 펴면서 무거운 것을 들어 올리는 운동이에요.

어느 날, 저는 100킬로그램을 들어 올리는 데 성공했어요. 그때는 그 무게가 한계였지요. 그런데 100킬로그램을 몇 번 들어 올렸더니 다음 날에는 105킬로그램을 들어 올릴 수 있게 되었어요. 그걸 열 번, 스무 번 계속했더니, 다음에는 110킬로그램을 들어 올릴 수 있게 되더라고요. 그러다가 200킬로그램 이상까지 들어 올릴 수 있게 되어서 저도 얼마나 놀랐는지 몰라요.

즉, 에너지를 전부 발산하는 연습을 계속하다 보면 나도 모르는 사이에 힘이 세진다는 말이에요. 여러분도 몸을 움직여서 에너지를 전부 발산해 보세요. 근육 운동은 집 안에서도 쉽게 할 수 있답니다.

미션 수행 포인트

◆ 몸을 움직여서 몸도 마음도 건강해지자.
◆ 그날의 에너지는 남김없이 전부 사용하자.

스트레스를 줄이는 행복 습관 미션 20

음악을 몸으로 느끼기

저는 초등학생 때 음악 성적이 그다지 좋지 않았어요. 악보는 볼 줄 알았지만, 리듬감이 너무 없었거든요. 캐스터네츠를 칠 때도 맨날 박자를 못 맞춰서 틀리고는 했어요. 음악은 나와는 어울리지 않는다는 생각이 들 정도였지요. 그러다가 한참 후에 음악은 잘하거나 못하거나의 문제가 아니라, 말 그대로 '즐기는' 것이라는 사실을 깨달았어요.

그래서 어른이 된 후에 첼로라는 큰 악기를 배우기 시

작했어요. 첼로 선생님이 "악보를 볼 줄 아시네요."라며 칭찬해 주셨을 때 기분이 너무 좋았지요. 선생님은 20대였고 학생인 저는 쉰 살에 가까운 나이였지만, 음악을 배우는 데 나이는 상관없었어요. 그때 '어렸을 때 악보를 볼 수 있도록 배워 두길 참 잘했다. 아, 음악이라는 건 정말 즐거운 거구나.'라고 생각했어요.

늘 함께하는 친구처럼 음악이 늘 곁에 있다면 하루하루가 즐거워진답니다. 저는 그때그때 마음에 드는 곡을 골라 같은 곡을 반복해서 듣는 걸 좋아해요. 집에서 일할 때는 같은 곡을 하루에 50번씩 반복해서 들을 때도 있어요.

좋아하는 곡을 들으며 일하면 일도 잘되고 기분 좋게 작업을 계속할 수 있거든요. 매일 다른 곡을 들으면 정신이 산만해지지만, 같은 곡을 반복해서 들으면 뇌가 이미 그 곡에 익숙해져 있어서 산만해지지 않아요.

 어떤 사람들은 공부할 때 클래식 음악을 들으면 공부가 잘된다고 해요. 하지만 저는 사람마다 좋아하는 음악이 다르니까 각자 자기가 좋아하는 음악을 들으면 된다고 생각해요. 특히 별로 좋아하지 않는 일을 해야 할 때나 어려운 과목을 공부할 때 좋아하는 음악을 틀어 놓으면 의욕이 솟아나지요.
 ==어떤 곡에 푹 빠져서 수없이 반복해서 듣고 노래를 따라 부르면 몇 년, 몇십 년이 지난 후에 다시 그 곡을 들어도 예전과 같은 감동을 느낄 수 있어요.== '그때 나는 이런 일들을 했었지.' 하면서 그 당시에 했던 일들이 생각나기도 하고요. 음악과 함께 성장한 거지요.

 지금 피아노를 배우는 친구들도 있을 거예요. 저는 배우다가 왼손이 잘 안 돼서 포기했지만요. '이 정도는 간단하지.'라며 어려운 쇼팽의 곡을 연주하는 친구도 있겠지요. 만약 제가 쇼팽의 곡을 칠 수 있다면, 분명 사람들에게 자랑하고 싶어 참을 수 없었을 거예요. 피아노를 칠 때는 눈으로 악보를 보면서 팔을 움직이고, 손가락으로 건반을 치면서 발로는 페달을 밟아야 해요. 동시에 이렇게 많은 걸 할 수 있다니 정말 굉장하지 않나요?

==음악은 기분을 들뜨게 하기도 하고 차분하게 만들어 주기도 해요.== 음악을 통해 느끼는 리듬은 신체 건강에도 영향을 주어요. 음악의 규칙적인 리듬이 신체의 긴장과 이완을 조절해서 스트레스를 풀어 주는 효과가 있답니다.

미션 수행 포인트

◆ 음악은 즐기는 것! 어렵게 생각하지 말고 몸으로 느끼자.
◆ 마음에 드는 곡을 여러 번 반복해서 들어 보자.

**스트레스를 줄이는
행복 습관 미션 21**

아름다운 것들을 가까이하기

여러분은 미술관에 가 본 적이 있나요? 저는 초등학생 때 미술관에 갔던 기억이 아직도 생생해요. 멋진 예술 작품이나 아름다운 것들을 보면 그 감동이 평생 기억에 남아요.

시즈오카현에서 태어난 저는 어렸을 때 매일 후지산을 보며 자랐어요. '와, 후지산은 오늘도 멋지다!'라고 생각하며 어린 시절을 보냈지요.

자연이든 사람이 만든 것이든 아름다운 것들은 사람의

마음을 움직이는 힘이 있어요.

일본 목판화의 거장인 무나카타 시코는 어렸을 때 네덜란드의 화가 빈센트 반 고흐의 그림을 보고 충격을 받았대요. 고흐의 굉장한 힘이 느껴지는 그림에 깊이 감동해서 '나도 고흐처럼 될 거야!'라고 결심했대요. 그리고 열심히 노력한 결과, 세계적으로 인정받는 판화가가 되었지요.

아름다운 게 꼭 '예쁜' 것만은 아니에요. '굉장해!', '멋지다!'라는 느낌을 주는 것들도 아름다운 거예요.

자기가 어떤 것들을 아름답다고 느끼는지 안다면, 주변

을 그런 물건들로 꾸미는 것도 좋은 방법이에요.

　애니메이션의 캐릭터 모형이나 그림을 좋아하는 사람은 그런 것들로 주변 공간을 장식해서 마음의 안정을 얻을 수 있어요. 저 역시 제가 좋아하는 만화 캐릭터 인형을 책상 위에 올려 두었어요. 좋아하는 물건은 사람에게 힘을 주지요. ==멋진 물건들을 가까이에 두고 보는 것만으로도 왠지 기분이 좋아진답니다.==

　여러분에게 예쁘거나 멋진 물건은 무엇인가요?
　미술관에 가지 않아도 아름다운 것들은 얼마든지 만날 수 있어요. 예를 들어, 평소에 사용하는 손수건 중에도 예술 작품처럼 예쁜 손수건이 있고, 길가에 피어 있는 한 송이 꽃에서도 아름다움을 느낄 수 있어요.

　그리고 예쁘기는 하지만 그 아름다움이 계속 유지되지 않는 것도 있어요. 저는 혼자 살 때 외로움을 달래기 위해 장미 한 송이를 산 적이 있었어요. 보라색 꽃잎이 너무나 아름다웠지요. 집에 돌아와서 그 꽃을 보면서 그림을 그렸어요. 아름다운 것들을 그림으로 남겨 두는 건 참 좋은 것 같아요. 그림을 그리기 위해서 더 자세히 보게 되니까요. 그리고 꽃이 시들고 난 뒤에도 꽃의 아름다움에 감동했던 기억을 남겨 둘 수 있어요.

아름다운 것들은 마음을 풍요롭게 만들어 준답니다. 아름다운 것을 발견하면 그걸 보고 어떤 느낌을 받았는지, 어떤 부분이 아름답다고 생각했는지 등의 느낌을 기록하세요. 계속 기록하다 보면 감수성이 풍부해져요.

미션 수행 포인트

◆ 내가 아름답다고 느끼는 것들로 주변을 꾸미자.
◆ 어떤 부분을 아름답다고 느꼈는지 기록하자.

스트레스를 줄이는 행복 습관 미션 22

동물과 교감하며 마음의 긴장 풀기

저는 어렸을 때부터 강아지를 키웠어요. 강아지를 안거나 쓰다듬으면 마음이 정말 편안해져요. 여러분도 ==동물과 같이 있으면 긴장이 풀리고 마음이 편안해질 때가 있지요?== 그 이유는 뇌에서 옥시토신이라는 물질이 분비되기 때문이래요. 옥시토신은 도파민, 세로토닌 등과 함께 행복 호르몬이라고 불리는데 동물과 눈을 맞추거나 몸을 쓰다듬을 때 분비된다고 해요. 사람뿐만이 아니라 강아지한테도 분비된대요. 그러니까 주인이 강아지를 쓰다듬을 때 강아지도 행복한 기분을 느낀다는 거지요.

동물을 키우고 있지 않다면, 밖에서 산책하는 강아지를 만났을 때 "아, 귀여워." 하고 말을 걸거나 손을 흔들어 인사를 해 보세요. 고양이를 좋아한다면 "예쁜 고양이네." 하고 말을 걸어 보아도 좋아요.

저는 강아지를 더 좋아하는 사람이었고, 고양이는 강아지만큼 좋아하지 않았어요. 제가 자취를 했던 대학생 때의 일이었어요. 제가 살던 아파트 1층에 작은 정원이 있었어요. 그 정원에 살던 길고양이 한 마리가 어느 날 새끼를 낳았어요. 언젠가부터 그 새끼 고양이가 자꾸 집 안으로 들어오더니, 거의 우리 집에 사는 고양이처럼 되었답니

다. 저는 그때 강아지와는 다른 고양이만의 귀여움을 알게 되었고, 고양이를 좋아하게 되었어요. 저처럼 어떤 사건이 계기가 되어 동물을 좋아하게 될 수도 있어요.

 예전에 한 아이돌 가수와 TV 프로그램을 함께 했을 때, 집에서 주로 뭘 하며 지내는지 물어본 적이 있어요. 그는 기타를 치거나 열대어를 감상한다고 대답했어요. "열대어를 보고 있으면 마음이 정말 편안해져요."라고요.
 ==사람 이외에 생명이 있는 동물을 만나면 마음속 깊은 곳에 잠자고 있던 치유의 스위치에 불이 켜져요.== 그래서 동물과의 교감을 통해 사람의 마음을 치유하는 '애니멀 테라피'라는 치료 방법도 생겼지요.

 제가 다닌 초등학교에서는 토끼나 닭과 같은 작은 동물을 키웠어요. 저는 토끼를 돌보는 역할을 맡았어요. 시장 여기저기를 돌아다니며 양배추 쪼가리를 얻어다가 토끼 먹이로 주곤 했지요.
 제가 학교에 기부한 닭도 함께 키웠어요. 그때는 마을 행사에서 병아리를 팔았거든요. 거기서 산 병아리가 집에서는 기를 수 없을 만큼 자라서 학교에 기부했지요.

동물은 사람과 다른 삶을 살아요. 사람들은 대부분 바쁜 일상에 치여 숨 가쁘게 살아가지요. 그래서 강아지, 고양이나 물고기와 함께 느긋하게 시간을 보내다 보면, 그렇게 시간에 쫓기듯 아등바등 살지 않아도 된다는 사실을 깨닫게 된답니다.

　==동물과의 교감을 통해 동물이 좋아하는 것과 싫어하는 것이 무엇인지 알려고 노력해 보세요. 사람을 대할 때와 마찬가지로 동물을 배려하는 마음을 갖는 게 무엇보다 중요해요.==

미션 수행 포인트

◆ 동물과의 교감을 통해 마음의 긴장을 풀자.
◆ 동물들이 좋아하는 것, 싫어하는 것을 알기 위해 노력하자.

**스트레스를 줄이는
행복 습관 미션 23**

식물로부터 힘을 얻기

저는 어렸을 때 학교 가는 길에 피어 있는 샐비어나 동백꽃을 자주 따 먹었어요. 꽃 속에 있는 꿀을 쪽쪽 빨아 먹으면서 등교하기도 했지요. 지금 생각하면, 함부로 꽃을 꺾은 건 잘못된 행동이지만, 식물과 친해졌던 경험은 제가 성장하는 데 좋은 영향을 주었어요.

저는 학교에서 히아신스를 키운 적이 있어요. 히아신스는 작은 그릇에 알뿌리가 잠길 만큼 물을 부어 두면 아래쪽으로 뿌리가 점점 자라나고 예쁜 꽃이 피어요. 손이 많이 가지 않기 때문에 식물을 많이 키워 보지 않은 저도 잘 키울 수 있었지요. 그런데 나팔꽃은 키우기가 조금 어려워요. 제대로 관리를 해 주지 않으면 금방 시들어 버리거든요.

　제 친구 중에 식물을 아주 잘 키우는 아이가 있었어요. 그 친구는 식물에게 언제 물을 주어야 하는지 날짜를 계산하고, 잎 상태를 살펴 해충이 생기지는 않았는지 확인도 했어요. 저는 그 친구를 보며 식물의 상태를 주의 깊게 관찰하면서 관리해 주는 것이 중요하다는 걸 알게 되었어요.

식물은 눈에 띄게 확 자라지 않지만, 오래도록 보면 성장한 정도를 확실히 알 수 있어요. 일본에는 '복숭아, 밤나무 3년, 감나무 8년'이라는 속담이 있어요. 복숭아나무와 밤나무는 3년 만에 열매를 맺고 감나무는 열매를 맺는데 8년이 걸린대요. 즉, 어떤 일이든 그것을 이루기 위해서는 일정한 시간이 필요하다는 의미예요. 이 속담처럼 식물 중에는 꽃이나 열매를 맺기까지 오랜 시간이 필요한 것들이 있어요. 반대로, '20일 무'라고도 불리는 래디시처럼 눈 깜짝할 사이에 자라는 것들도 있지요.

　일본 열도의 가장 남쪽인 야쿠시마섬에는 조몬 삼나무라고 부르는 수천 년 된 나무가 있어요. 인간의 수명보다 훨씬 긴 세월을 산 나무이지요.
　여러분도 혹시 오래된 나무를 본 적이 있나요? 만약 그런 나무를 본다면, 그 나무를 한번 안아 보세요. 나무의 에너지가 몸속으로 전해지는 느낌을 받을 거예요.

　나무처럼 식물의 에너지를 느낄 수 있고, 우리 주변에서 쉽게 찾아볼 수 있는 것으로 아로마 향이 있어요. 저는 라벤더 향이나 장미 향을 좋아해요. 아로마 향을 맡으면 식물의 향기가 콧속에서부터 뇌까지 확 퍼져 나가는 느낌이 들어요. 저는 그때 행복을 느껴요. 좋은 향기를 맡으면 마음이 편안해져요. 향기를 통해서도 식물의 힘이 전해진답니다.

 채소를 정성껏 키우고, 다 자라면 수확해서 먹어 보는 기쁨도 경험해 보세요. 저는 초등학생 때 감자랑 고구마를 키워 보았어요. 땅속에서 줄기가 점점 갈라져서 뻗어 나가는 고구마를 보는 게 정말 재미있었어요. ==자기가 정성껏 키운 채소를 먹어 보세요. 식물의 힘뿐만 아니라 대지의 힘까지 느낄 수 있을 거예요.==

미션 수행 포인트

◆ 주변에 있는 식물과 친해지자.
◆ 채소를 정성껏 키우고 수확해서 먹어 보자.

**스트레스를 줄이는
행복 습관 미션 24**

손을 사용하는 놀이 하기

여러분은 어렸을 때 블록 놀이를 해 본 적이 있나요? 블록을 조립하면 여러 가지 모양을 만들 수 있어요. 저는 공룡을 자주 만들었어요.

손과 뇌는 아주 밀접한 관계가 있어요. 그래서 손을 사용하는 놀이를 하면 뇌의 활동이 활발해져요. 블록 놀이 말고도 직소 퍼즐이나 조립 모형 만들기, 비즈 액세서리 만들기도 좋고, 실뜨기나 공기놀이 같은 전통 놀이도 손을 사용하는 놀이이니까 여러분도 해 보세요.

저는 초등학생 때 실뜨기를 연습해서 '다리'와 '거북이' 모양을 만들었어요. 연습하면 할수록 더 빨리 모양을 만들 수 있었지요.

또 장기의 말을 이용해서 '산 무너뜨리기' 놀이도 자주 했었어요. 어떻게 하는 놀이냐면, 먼저 장기 말이 들어 있던 통에 말을 가득 담아서 장기판 위에 거꾸로 덮어요. 그러고는 조심스럽게 통을 들어 올려요. 그러면 장기 말들이 산 모양으로 쌓여 있겠지요? 여기서 말을 하나씩 고른 다음에 손가락 하나로 장기판 끝까지 말을 옮겨 와서 잡는 거예요. 이때 소리가 나면 안 돼요. 손가락 끝에 온 신

경을 집중해야 하지요. 말에서 '딱' 소리가 나면 상대방에게 차례가 넘어가게 돼요. 승패는 누가 장기 말을 많이 모았는지에 따라 결정하고요. 아주 긴장감 넘치고, 재미있는 놀이였지요.

비디오 게임이나 스마트폰 게임은 재미있지만, 게임을 할 때 사용하는 손동작은 거의 비슷해요. ==가끔은 실제 물건을 가지고 손가락을 움직이며 노는 놀이를 해 보세요. 놀이를 통해 다양한 방법으로 손을 움직여 보는 거예요.==

만화를 만드는 과정 중에 '스토리보드 제작'이라는 단계가 있어요. 만화의 이미지를 손으로 대강 그린 뒤에 대사를 넣어 가는 작업이에요. 스토리보드를 만들 때는 먼저 연필로 그림을 대충 그려요. 손으로 그림을 그리면서 생각을 하는 거지요. 그림을 그리는 작업은 동시에 생각하는 과정이기도 해요.

제가 아는 디자이너도 컴퓨터나 스마트폰에 아이디어를 기록하는 것보다 종이 위에 직접 손으로 글씨를 쓰거나 그림을 그리는 게 훨씬 머리가 잘 돌아가는 느낌이라고 말하더군요. 요즘에는 만화도 컴퓨터로 그리는 경우가 많은데, 그것도 넓은 의미에서 보면 손으로 하는 작업이에요.

제 아버지는 손으로 하는 일을 좋아하셨어요. 손수 나무를 깎아서 배 모형 같은 걸 만드시곤 했지요. 사포로 나무 표면을 매끄럽게 하고 코팅제까지 바르고 나면, 돈을 받고 팔아도 될 정도로 아주 근사한 작품이 되었답니다. ==손으로 무언가를 만드는 걸 좋아하는 사람은 이런 작업을 할 때 마음이 편안해진대요.==

손으로 무언가를 만드는 걸 좋아하는 사람도 있지만, 그렇지 않은 사람도 있을 거예요. 그렇더라도 자기가 재미를 느낄 만한 범위 내에서, 가끔 손을 움직이는 놀이를 찾아서 해 보세요.

미션 수행 포인트

- ◆ 놀이를 통해 다양한 방법으로 손을 움직여 보자.
- ◆ 손으로 섬세하게 뭔가를 만드는 모습을 가만히 바라보자.

미션 레벨 업 나이 차이가 나는 아이들과 함께 놀자!

  저는 초등학교 3학년 때 옆집에 살던 6학년 형과 매일 캐치볼을 했어요. 저보다 나이가 많은 형과 놀면 저도 조금 더 형이 된 듯한 기분이 들어 좋았던 것 같아요. 그리고 제가 그 나이가 되면 어떤 사람이 되고 싶은지에 대해 생각하는 좋은 계기가 되었어요.

  자기보다 나이가 어린 동생과 노는 것도 좋아요. 제가 6학년일 때 1학년 교실을 청소하러 간 적이 있어요. 교실에 들어갔더니 1학년 동생들이 저에게 다가와 찰싹 달라붙지 뭐예요. 저는 그런 동생들이 너무 귀여웠어요. 어린 동생들과 같이 놀면, 나이가 같은 친구들과 놀 때보다 조금 더 배려하는 마음이 생기는 것 같아요.

자신감을 키우는
마음 습관 미션

- 25. '지·인·용 체크'로 마음 다스리기
- 26. '변신 파워'로 의욕 충전하기
- 27. 수시로 '마음 청소' 하기
- 28. 경험을 통해 마음의 힘 키우기
- 29. 일주일에 한 가지씩 좋아하는 것 늘리기
- 30. 어쨌든 실컷 웃기
- 31. 사람과의 인연을 소중하게 여기기

자신감을 키우는 마음 습관 미션 25

'지·인·용 체크'로 마음 다스리기

    일본의 국가 대표 축구 선수로 독일 리그에서도 활약했던 하세베 마코토*라는 선수가 있어요. 마코토는 마음 다스리기에 관한 책을 써서 일본에서 화제가 되었는데요, 책에서 마코토 선수는 자신의 마음을 잘 다스렸던 것이 지금까지 좋은 성적을 냈던 비결이라고 했어요.
    여러분도 마음을 다스리는 방법을 배워서 늘 평온한 마은 상태로 있고 싶지 않나요? 그럼, 지금부터 마음을 다

---

* 오랫동안 일본 국가 대표 팀의 주장을 맡았고, 《마음을 다스리고 승리를 가져오는 56가지 습관》쓴 축구 선수.

스리기 위한 '지·인·용 체크' 방법을 소개할게요.

먼저, '지(知: 슬기 지)'라고 말하면서 자기가 주로 사용하는 손을 이마에 가져다 대요. 그리고 나에게 판단력이 있는지 스스로 묻는 거예요.

이마 안쪽에는 전두엽이라는 뇌의 한 부분이 있어요. 전두엽은 인간이 인간다움을 유지할 수 있게 하는 기능들을 담당하는 부분으로, 지성의 뇌라고도 불러요. 사물을 판단하는 정신 작용을 관할한답니다.

머리가 멍하면 판단력도 흐려져요. 예를 들어, 아무 생각 없이 멍하게 길을 걷다 보면 맞은편에서 자동차나 자

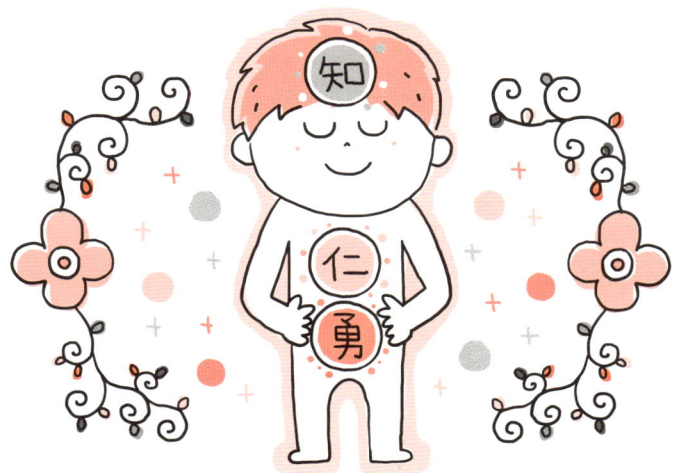

전거가 달려오는 걸 눈치채지 못할 때가 있어요. 잠이 부족할 때도 머리가 띵해지고 판단이 느려져요. 이렇게 판단력이 흐려지지 않도록 내 머리가 괜찮은지 스스로 확인하는 방법이에요.

그다음에는, 가슴에 손을 대고 '인(仁: 어질 인)'이라고 말해요. '인'은 배려와 사랑을 뜻하는데, 자기 안에 이런 감정이 있는지를 묻는 거예요.

'의술은 인술'이라는 말이 있어요. 의사는 환자가 빨리 낫기를 바라는 마음으로 정성껏 치료해야 한다는 뜻이에요. 환자에 대한 따뜻한 마음이 무엇보다 중요하다는 의미이지요. '인'이 있어야 자기가 맡은 일을 잘할 수 있는 거예요.

마지막으로, 배꼽 아래에 손을 대고 '용(勇: 날랠 용)'이라고 말해요. 자기 안에 용기와 행동력이 있는지 묻는 거예요.

아무리 머리가 좋고 마음이 따뜻한 사람이라도 용기가 없으면 아무것도 할 수 없어요. 배꼽 아래를 '단전'이라고 하는데, 옛날 사람들은 여기에 에너지가 솟아나는 밭이 있다고 생각했어요. 그래서 단전에 힘을 주면 용기가 솟는다고 믿었지요. 무술을 연마하는 사람들이 '단전에 기를 모은다.', '단전에 힘을 준다.'고 말할 때의 '단전'도 배꼽 아래를 가리킨답니다.

배꼽 밑에 손을 대고 천천히 호흡해 보세요. 그러면 호흡이 점점 깊어지고 마음이 안정되는 걸 느낄 수 있어요.

마음이 초조할 때는 이마, 가슴, 배꼽 아래에 차례대로 손을 대고 '지·인·용'이 있는지 확인하면서 마음이 편안해지도록 다스려 보세요. 올바른 판단을 하고, 다른 사람에게 친절하며, 용기 있게 행동할 것. 이 세 가지를 명심하면 틀림없이 훌륭한 사람이 될 수 있어요.

미션 수행 포인트

- ◆ 초조할 때는 '지·인·용 체크'를 하면서 마음을 안정시키자.
- ◆ 판단력, 배려심, 행동력을 갖추자.

자신감을 키우는
마음 습관 미션 **26**

'변신 파워'로 의욕 충전하기

어떤 일에 도전할 때, 평소 좋아하던 사람이나 캐릭터로 변신한 듯 흉내를 내거나 따라 하면 의욕이 높아져요.

여러분은 좋아하는 만화나 애니메이션이 있나요? 마치 내가 만화나 애니메이션 속 멋진 캐릭터가 된 것처럼 행동하면 왠지 모르게 기분이 좋아질 때가 있어요.
저는 어렸을 때 《거인의 별》이라는 야구 만화의 주인공 흉내를 내며 공 던지는 연습을 하고, 복싱 만화 《내일의 죠》의 주인공이 된 듯 복싱 연습을 하기도 했어요. 그렇게 하면 평소보다 더 큰 힘을 발휘할 수 있을 것 같았기 때문이에요.

저는 지금까지 자기가 위인 누구의 환생이라느니, 유명인 누구처럼 되고 싶다는 사람들을 많이 만났어요. 물론, 그 사람들도 자기가 그 위인이나 유명인이 아니라는 사실을 잘 알고 있어요. 그 위인처럼 되고 싶고, 유명해지고 싶어서 그렇게 말하는 거예요. 그렇게 생각하면 마치 자기 안에 그의 영혼이 들어온 듯한 느낌이 들어 기분이 좋아지기 때문이에요.

좋아하는 인물이 누구든 상관없어요. 아인슈타인도 좋

고, 오드리 헵번도 좋아요. 오드리 헵번은 〈로마의 휴일〉이라는 미국 영화에서 주연을 맡았던 여배우예요. 예나 지금이나 전 세계적으로 아주 인기가 많지요. '나는 외모도 마음도 아름다운 오드리 헵번이야.'라고 생각하면 왠지 자신감이 생길 것 같지 않나요?

여러분도 좋아하는 캐릭터나 좋아하는 인물의 흉내를 내 보세요. 다른 사람들 앞에서는 조금 부끄러울 수도 있어요. 우선은 좋아하는 캐릭터나 인물의 대사를 외운 다음에 혼자서 따라 해 보세요. 배우가 무대 위에서 연기하듯 누군가의 흉내를 내 보면 자기 안에서 신비한 힘이 솟아나는 걸 느낄 수 있어요. 저는 이 신비한 힘을 나만의 '변신 파워'라고 생각한답니다. '변신 파워'는 자신감만 높여 주는 것이 아니에요. 다른 사람의 입장을 생각하는 힘도 키워 주어요.

대학교에서 역사 속 인물이 되어 짧은 콩트를 만들어 보는 수업을 한 적이 있어요. 그 인물이 되었다고 생각하고 연기해 보면 인물의 감정을 잘 알 수 있게 되기 때문이에요. 이러한 방법을 역할 연기법이라고 해요. 예를 들어

학교에 가기 싫다는 아이, 가야 한다는 엄마, 상담을 도와주는 학교 선생님이 있다고 생각해 보아요. 세 사람의 입장이 되어서 차례차례 그들을 연기해 보면 아이의 기분, 엄마의 기분, 선생님의 기분을 모두 알 수 있게 돼요. ==사람들이 각자 어떤 생각을 하고 있는지 마음속 깊이 이해할 수 있어요.== 이 방법을 통해 사람들 사이에서 일어난 문제를 해결하는 실마리를 얻기도 해요.

미션 수행 포인트

◆ 좋아하는 인물로 변신한 것처럼 흉내를 내 긍정적인 힘을 얻자.
◆ 역할 연기를 통해 그 사람의 감정이나 생각을 이해해 보자.

**자신감을 키우는
마음 습관 미션 27**

수시로 '마음 청소' 하기

"요즘 표정이 왜 그렇게 어두워?", "너, 옷 취향이 참 독특하다." 별건 아니지만 남들이 한 이런 말들이 계속 머릿속을 맴돌아 힘들었던 적이 있나요?

중요한 일은 잊으면 안 돼요. 때로는 반성이 필요한 일도 있지요. 하지만 살짝 기분이 나빴던 일이나 그다지 중요하지 않은 일들은 깨끗하게 잊어버리는 편이 나아요.

그런데 대체 왜 기분이 나쁜 걸까요? 그 이유는 신경은 쓰이지만 내가 어떻게 할 방법이 없기 때문이에요. 그 생각이 머리나 마음속에 계속 남아 있기 때문에 마음이 불편한 거예요. 그럴 때는 '상관없어. 난 신경 안 써.'라는 말을 몸으로 표현해 보세요. 행동을 통해 그런 감정들을 모두 날려 버리는 거지요.

  저만의 '마음 청소' 방법을 소개할게요. 먼저, 팔을 동그랗게 모아 양손의 손가락 끝을 붙이세요. 그리고 머릿속으로 그동안 신경 쓰였던 일들을 모두 그 안으로 집어넣는 상상을 해 보세요. 그러고 나서 양손을 바깥쪽을 향해 쫙 펼쳐요. 그동안 기분 나빴던 감정이나 걱정거리들을 이제 더는 마음에 담아 두지 않겠다고 생각하면서 날려 버리는 거지요. 이렇게 하고 나면 기분이 조금 개운해진

답니다.

저는 이사를 하면 집 안을 깨끗하게 청소하고 소독도 허요. 전에 살던 사람이 집을 깨끗이 썼지만, 혹시 남아 있을지 모르는 흔적들을 모두 지우고 싶거든요. 깨끗이 청소하고 소독까지 하고 나면 한결 마음이 개운해져요. 그러니까 '마음 청소' 의식도 효과가 있을 거예요.

무언가 원하거나 바라는 게 있을 때는 교회나 절에 가서 기도하는 것도 좋은 방법이에요. 실제로 신이 존재하는지 아닌지는 저도 잘 몰라요. 하지만 그건 그리 중요하지 않아요. 단지 기도하는 것 그 자체로 마음이 편안해지거든요.

절에서는 12월 31일 자정에 제야의 종을 108번 울려요. 108이라는 숫자는 번뇌(몸과 마음을 괴롭히거나 어지럽히는 마음 상태)의 수를 가리키는데, '땡' 하고 울리는 종소리와 함께 번뇌가 하나씩 사라진다고 생각했대요.
그래서 새로운 해를 맞이하면 이전에 있었던 일은 이미 아주 먼 옛날의 일이 되어 버리는 거지요. '새해 복 많이 받으세요.'라는 새해 인사를 건네는 때에는 작년에 있었던 개운치 않은 기분이나 좋지 않았던 일들은 전부 사라지고 깨끗한 상태가 되는 거예요.

 여러분은 기분 나빴던 감정을 1년 동안 계속 마음속에 담아 두지 말고, 그때그때 날려 버리면 좋겠어요. 그러기 위해서 '마음 청소'를 해 보세요.
 물론, 즐거웠던 일들은 마음 한편에 켜켜이 쌓아 두고 오래오래 기억해야지요.

미션 수행 포인트

◆ 좋지 않았던 일들은 '마음 청소'로 날려 버리고 깨끗하게 잊자.
◆ 기분 나빴던 감정을 쌓아 두지 말자.

**자신감을 키우는
마음 습관 미션 28**

경험을 통해 마음의 힘 키우기

제가 가르치는 학생 중에 좋아하는 여학생에게 고백했다가 차인 남학생이 있었어요. 남학생이 계속 미련을 버리지 못하고 방황하자, 한 친구가 이제는 그만 잊어버리고 네가 해야 할 일을 하라고 충고했대요. 친구의 말대로 해야 할 일에 집중했더니 슬픔이 조금씩 사라지고 마음의 상처가 치유되었다고 하더라고요.

괴로운 일이나 슬픈 감정을 질질 끌고 가지 않으려면, 앞으로 해야 할 일에 집중하는 게 중요해요.

괴롭고 힘든 일은 시간이 지나면 점점 기억 속에서 희미해져요. 빨리 잊고 싶다면 시간이 빨리 가게 만들면 되는 거지요. 저는 기분 나쁜 일이 생기면 하루에 영화를 세 편 이상 볼 때도 있어요. 집에서 보기도 하고 극장에 가기도 하지요. 그렇게 시간을 보내다 보면 기분 나빴던 기억이 점점 희미해져요. 이런저런 일에 집중하는 동안 기분 나빴던 일을 잊어버리는 거지요.

<mark>괴로움을 극복하는 경험을 쌓다 보면 점점 더 쉽게 극복할 수 있어요.</mark> 예전에 주간지에 글을 연재한 적이 있어요. 그런데 어느 날, "연재는 이제 그만하셔도 됩니다."라

는 연락을 받았어요. 전 충격을 받았어요. '뭐? 내 글이 그렇게 재미가 없었다는 건가?'라는 생각이 들었거든요. 하지만, 시작이 있으면 끝이 있기 마련이에요. 그 이후에도 몇 번이나 연재가 끝나는 경험을 했고, 이제는 그런 일로 충격을 받지 않게 되었어요.

==마음이 강한 사람이란 경험이 많은 사람이라고 생각해요. 경험이 많으면 덜컥 겁부터 내지 않게 되거든요.== 경험이 많은 사람은 마음에 여유가 있어요. 서두르지 않고 차분하기 때문에 좋은 결과가 뒤따라오지요.

제가 가르치는 남학생들을 가만히 보면, 여학생들에게 인기가 많은 학생과 그다지 인기가 없는 학생으로 나누어졌어요. 그건 단순히 멋진 외모 때문이 아니었어요. 그 학생이 가진 경험의 차이가 인기에 영향을 미치는 것 같았어요. 여학생과 이야기를 많이 나눠 본 남학생이나 여자 친구를 사귀어 본 적이 있는 남학생은 여유가 있어요. 그 여유가 분위기를 편안하고 좋게 만들어 주지요. 그래서 경험을 많이 쌓는 게 좋다고 하는 거예요.

처음에는 긴장되는 일이라도 다섯 번, 열 번 계속 경험하다 보면 점점 익숙해져요. 그런데 아예 시도조차 해 보지 않으면 아무것도 얻을 수 없어요. 해 보기도 전에 미리 포기해 버리면 어려움을 극복하는 경험도 할 수 없으니까 당연히 자신감도 생기지 않겠지요.

어떤 일을 할 때마다 긴장되고, 어렵고 힘든 상황이 생길 때마다 자꾸 도망치고 싶은 생각이 드나요? 그렇다면 '나는 아직 익숙하지 않을 뿐이야.'라고 생각해 보세요. 어떤 일이든 힘든 시기를 지나고 나면 익숙해지는 법이거든요. 경험이 자신감을 만든다는 사실을 잊지 마세요.

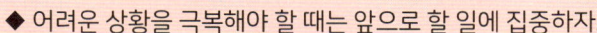
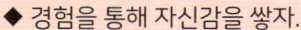

미션 수행 포인트

◆ 어려운 상황을 극복해야 할 때는 앞으로 할 일에 집중하자.
◆ 경험을 통해 자신감을 쌓자.

**자신감을 키우는
마음 습관 미션 29**

일주일에 한 가지씩 좋아하는 것 늘리기

지금까지 살아오면서 느낀 건 이 세상에 멋진 게 너무나도 많다는 사실이에요. 제가 아직 접해 보지 않은 것 중에도 멋진 것들이 셀 수 없을 만큼 많을 거예요. 여러분은 내가 좋아하는 것들로 이 세상을 가득 채우고 싶다고 생각해 본 적 없나요?

너무나도 안타까운 일이지만, 가끔 스스로 목숨을 끊는 사람들이 있어요. 그런 이야기를 들을 때면, '이 세상에 멋진 것들이 얼마나 많은데…….'라며 참 안타깝다는 생각

==이 들어요. 살아 있으면 지금은 알지 못하는 멋진 것들을 분명 만나게 되는 법이거든요.==

저는 지금도 좋아하는 음악이 해마다 점점 늘어나요. 음악 말고도 제가 좋아하는 것들이 앞으로 점점 늘어날 생각을 하면, 가능한 한 오래 살고 싶다는 생각이 들어요.

여러분은 아직 모르는 게 아주 많아요. 그러니까 일주일에 한 가지씩 좋아하는 것을 발견하는 건 그리 어려운 일이 아닐 거예요.

예를 들어, 애니메이션을 좋아한다면 '지난주에는 ○○

캐릭터가 좋았는데, 이번 주에는 □□ 캐릭터가 좋아졌어.'와 같이 쉽게 생각해도 돼요.

  음악도 마찬가지예요. 이번 주에 어떤 곡을 계속 들었다면, 다음 주에는 다른 곡을 계속 반복해서 듣는다든지 하는 식으로요. 이렇게 한 달을 계속하면 좋아하는 곡이 네 곡이나 새로 생기는 셈이에요. 매일 여러 곡을 듣는 것도 좋아요. 하지만 일주일 동안 같은 곡을 계속 듣다 보면 마치 늪에 빠지는 것처럼 푹 빠져드는 느낌을 받게 되는데, 저는 그 느낌이 참 좋더라고요.

  좋아하는 걸 늘려 간다는 건 마음에 양분을 주는 일과 같아요. 좋아하는 걸 발견할 때마다 그만큼 새로운 세계가 열린답니다.

  일기장이나 수첩 같은 곳에 이번 주에 좋아하게 된 것을 기록해 보세요. 그러면 세 번째 미션에서 설명한 '나의 보물 지도'가 만들어져요. 저는 편의점에 새로 출시된 디저트가 있는지 확인하고 먹어 보는 걸 좋아해요. 얼마 전에 한 편의점 브랜드와 유명 초콜릿 메이커가 공동으로 만든 케이크가 출시되었어요. 먹어 보고는 너무 맛있어서 바로 나의 보물 지도에 추가했지요. 어렵게 생각할 필요 없어요. 저처럼 이렇게 간단한 것도 좋으니, 여러분도 일주일에 한 가지씩은 쉽게 찾아낼 수 있을 거예요.

　내가 살아가는 이 세상이 내가 좋아하는 것들이나 가지고 싶은 물건들로 가득하다면 하루하루가 더 즐거워지겠지요. 만약 구하기 힘들거나 살 수 없는 물건이라면 인터넷으로 찾아보거나 매장에 진열되어 있는 걸 보는 것만으로도 즐거움을 느낄 수 있어요.
　좋아하는 것들이 많으면 매일매일 설레는 기분으로 하루를 보낼 수 있답니다.

미션 수행 포인트

◆ '멋진 것 발견하기'를 살아가는 목표로 정해 보자.
◆ 이 세상을 내가 좋아하는 것들로 가득 채우자.

**자신감을 키우는
마음 습관 미션 30**

어쨌든 실컷 웃기

웃음에는 마음을 강하게 만드는 힘이 있다는 내용의 책을 읽은 적이 있어요. 웃다 보면 기분이 긍정적으로 바뀌기 때문이겠지요.

웃음에는 면역력을 높이는 효과도 있어서 많이 웃으면 병에 잘 걸리지 않는다는 이야기도 있어요. 실컷 웃고 나면 마음도 몸도 개운해지지요.

그러니까 작은 일에도 크게 웃는 습관을 길러 보세요. 단, 다른 사람을 얕잡거나 깔보며 비웃는 웃음, 남에게 상처를 주는 웃음은 안 돼요.

혼자 있을 때는 가벼운 말장난을 해 보는 것도 좋아요. 오렌지를 먹으면서 "오렌지를 먹은 지 얼마나 오랜지."라고 말하거나, 옷을 입으면서 "내가 입는 티는, 프리티."라고 말해 놓고 혼자 피식 웃는 거지요. 혼자 웃는 게 이상하게 보일 수도 있지만, 마음을 건강하게 만드는 좋은 방법이에요.

'웃으면 복이 온다.'라는 말이 있듯이, 늘 기분 좋게 웃으면 행복은 저절로 따라온답니다. 항상 밝은 얼굴로 웃고 있는 사람과 언제나 어둡고 인상만 쓰는 사람이 있다면, 여러분은 둘 중 어떤 사람과 친구가 되고 싶나요?

나를 웃게 만드는 사람이나 함께 웃을 수 있는 친구가 있다면 그건 나와 성격이 잘 맞는다는 증거예요.

또 가족 중에 잘 웃는 사람이 있으면, 분명 그 집은 화목한 분위기일 거예요. 저는 이 책을 읽고 있는 여러분이 집에서 웃음꽃을 피우는 주인공이 되었으면 좋겠어요.

예전에 텔레비전에 지압 치료사가 나오는 걸 본 적이 있어요. 지압이라는 건 손이나 손가락으로 경혈을 눌러서 아픈 부위를 치료하는 걸 말해요. 그 지압 치료사는 시청자들을 향해 엄지손가락을 치켜들고 엄청나게 큰 소리로 "하하하!" 하고 웃었어요. 특별히 재미있는 상황이 아니었는데도 말이에요. 그걸 보고 나도 모르게 웃으면서, '이 사람은 웃음의 달인이네!'라는 생각을 했답니다.

한번은 제가 출연하던 심야 버라이어티 프로그램에서 개그맨 흉내를 낸 적이 있었어요. 방송 작가가 저에게 대본을 주고는 "따라 해 주세요."라고 하더군요. 조금 부끄러웠지만, 눈 딱 감고 열심히 했답니다.

제가 여러분에게 하고 싶은 말은, ==누군가가 다른 사람을 웃게 만들기 위해 용기를 낸다는 건 그 사람이 실컷 웃==

==어 주길 바라는 마음 때문이라는 거예요.== 그렇다면, 그 사람의 마음을 생각해서 웃어 주는 것이 예의랍니다.

웃음에 관한 이야기를 하니 중학교 때 담임 선생님이셨던 사토 선생님이 생각나네요. 캠프파이어 및 장기 자랑 시간에 제가 친구들과 이상한 춤을 추자 분위기가 아주 썰렁해졌어요. 그때 선생님 혼자 "하하하!" 하고 크게 웃어 주셨어요. 그러자 옆에 있던 친구들도 따라 웃기 시작했고, 덕분에 민망하지 않게 잘 마칠 수 있었어요. 50년도 더 지난 일이지만 지금까지도 생생하게 기억나요. 웃음이라는 건 이렇게 따뜻한 마음의 표현이기도 하지요.

미션 수행 포인트

◆ 작은 일에도 크게 웃어서 긍정적인 마음을 만들자.
◆ 다른 사람이 나를 웃기려고 할 때는 웃어 주자.

자신감을 키우는 마음 습관 미션 31

사람과의 인연을 소중하게 여기기

'옷깃만 스쳐도 인연'이라는 말이 있어요. 길에서 옷깃이 살짝 스칠 정도로 아주 사소한 만남이라도 전생에서 어떤 관련이 있었을지도 모른다는 의미이지요.

'이것도 인연이니까'라는 생각은 꽤 멋진 사고방식이에요. 저는 실제로 전생이 있다고 믿지 않지만, '이렇게 만나다니! 정말 전생에 인연이 있었던 건 아닐까?'라고 생각한 적은 있어요.

저는 '인연'이라는 말을 참 좋아해요. 만남도 헤어짐도

<mark>다 인연 때문이에요.</mark> 만날 운명이었기 때문에 만나고, 헤어질 운명이었기 때문에 헤어지는 거예요.

 예를 들어 좋아하는 사람에게 고백했다가 차였다고 생각해 보세요. 그럴 때는 '인연이 아니었던 거야.'라고 여길 수 있어요. 여러분이 매력이 없어서 차인 게 아니에요. 인연이 아니었다고 생각하는 건 자기 자신을 위한 일이기도 해요.

 사람들이 좋아하는 대중가요 중에는 '만남'과 '인연'에 대해 노래한 곡들이 많아요. 사랑하는 상대와의 만남은 우연이 아니라 바로 운명과도 같은 인연 때문이라는 거

지요.

　같은 반 친구와 함께 놀다가 친해지기도 하고, 동아리 활동을 함께하면서 친해지기도 해요. 여행지에서 만난 사람과 우연히 이야기를 나누게 되었는데, 그걸 계기로 친해질 수도 있고요. 다양한 방식으로 만남이 이루어지고, 거기서부터 인연이 시작되는 거예요.

　앞에서도 이야기했지만, 제가 중학생 때 담임 선생님이 셨던 사토 선생님과의 인연은 50년이 지난 지금까지도 계속 이어지고 있어요. 선생님은 시즈오카현의 이즈라는 곳에 살고 계시는데, 그곳 바다에서 잡힌 생선을 가끔 보내 주세요. 큼지막한 생선을 바로 먹을 수 있도록 직접 요리까지 해서 보내 주신답니다. 그럴 때마다 저는 감사한 마음에 선생님께서 좋아하시는 음식 등을 보내고 "선생님, 감사합니다." 하고 전화를 드려요. 중학생 때 만난 인연이 이렇게 오랫동안 이어지고 있답니다.

　직접 만나지 못해도 인연을 계속 이어 나갈 수 있어요. 예를 들어, 예전에 도움을 준 사람에게 감사의 엽서를 보내는 것도 좋은 방법이지요. 또, 연하장이나 문자 메시지를 통해 서로 새해 인사를 주고받으면 오래도록 직접 만나지 못해도 인연이 이어지고 있다는 느낌을 받을 수 있어요.

사람과 사람 사이의 만남이나 헤어짐을 '인연' 때문이라고 생각해 보세요. 좋은 사이가 되었을 때는 인연이었다고, 관계가 잘 이어지지 않았을 때는 인연이 아니었다고 말이에요. 그렇게 생각하면 마음이 한결 편안해질 거예요.

미션 수행 포인트

◆ 좋은 일이든 나쁜 일이든 '인연' 때문이라고 생각해 보자.
◆ 인연인데 자주 만나기 어렵다면 매년 연하장을 보내자.

미션을 마치며

 지금까지 소개한 31가지 미션이 어땠나요? 가벼운 마음으로 할 수 있을 것 같은 미션부터 하나씩 실천해 보세요.

 그래도 도전 의욕이 잘 생기지 않는 친구들을 위해서는 특별 처방을 줄게요. 바로 '미션, 패션, 하이 텐션!'이라는 주문이에요. 패션은 열정, 하이 텐션은 매우 기분 좋은 상태를 의미해요. 가볍게 점프를 한 뒤, 브이 포즈를 하며 이 주문을 외워 보세요. 그런 다음 미션을 시작하는 거지요. 틀림없이 기분이 좋아질 거예요.

 이 책에서 소개하지 않은 것들을 미션으로 정하고 싶을 때도 있을 거예요. 미션은 얼마든지 새로 만들어 낼 수 있어요. 어른이 된다는 건 자신의 미션을 스스로 찾아낼 수 있게 된다는 뜻이기도 하니까요.

열 살이라는 나이는 아직은 마음과 시간에 조금 여유가 있을 시기이지요. 꼭 성공할 거라는 자신이 없어도 부디 여러 가지 미션에 도전해 보세요. 분명 '역시 그때 해 보길 잘했어!'라고 생각할 날이 올 거예요.

언젠가 여러분 자신만의 미션을 발견하게 될 그날을 기대하며 항상 응원할게요.

사이토 다카시

초등 습관 미션 도전!

각 미션에 도전하며 성공한 날짜를 쓰거나 ✓ 표시를 해서 내가 성장한 모습을 확인해 보세요.

관계 맺기를 위한 소통 습관 미션	성공	성공	성공	성공	성공
1. 마음의 문을 여는 인사 하기					
2. 다른 사람의 이야기를 온몸으로 듣기					
3. 다른 사람과 공감대 형성하기					
4. 상대방의 장점 찾아 칭찬하기					
5. 가족과 대화 많이 하기					
6. SNS 올바르게 사용하기					

자기 관리를 위한 생활 습관 미션	성공	성공	성공	성공	성공
7. 손가락으로 가리키며 잊은 물건이 없는지 확인하기					
8. 약속 시간보다 여유 있게 준비하기					
9. 계획표 만들고 먼저 해야 할 일에 집중하기					
10. 일기 쓰기로 매일매일을 좋은 하루로 만들기					
11. 때로는 참을 줄도 알기					
12. 우선순위 정하고 1순위부터 하기					

미래를 위한 공부 습관 미션	성공	성공	성공	성공	성공
13. '해 보자!' 마음먹고 공부하기					
14. 예습과 복습으로 공부 자신감 높이기					
15. 세상과 사람을 위해 할 수 있는 일 생각하기					
16. 틀려도 괜찮아! 내 생각 말하기					
17. 책과 작가를 내 인생의 친구로 삼기					
18. 두뇌 회전을 위해 소리 내어 책 읽기					

스트레스를 줄이는 행복 습관 미션	성공	성공	성공	성공	성공
19. 몸을 움직여서 에너지 발산하기					
20. 음악을 몸으로 느끼기					
21. 아름다운 것들을 가까이하기					
22. 동물과 교감하며 마음의 긴장 풀기					
23. 식물로부터 힘을 얻기					
24. 손을 사용하는 놀이 하기					

자신감을 키우는 마음 습관 미션	성공	성공	성공	성공	성공
25. '지·인·용 체크'로 마음 다스리기					
26. '변신 파워'로 의욕 충전하기					
27. 수시로 '마음 청소' 하기					
28. 경험을 통해 마음의 힘 키우기					
29. 일주일에 한 가지씩 좋아하는 것 늘리기					
30. 어쨌든 실컷 웃기					
31. 사람과의 인연을 소중하게 여기기					

* 31가지 미션 외에 내가 해내고 싶은 미션을 정해 도전해 보세요.

_____ 미션	성공	성공	성공	성공	성공
32.					
33.					
34.					
35.					

열 살부터 시작하는 | 초등 교양 ①
초등 습관 미션 지금 시작하면 평생 힘이 되는 31가지

개정판 1쇄 2024년 8월 1일　**2쇄** 2024년 12월 20일
글 사이토 다카시　**그림** 모리노쿠지라　**옮김** 박선정
펴낸이 황인옥　**편집** 김익선　**디자인** 윤연희　**마케팅** 임수진　**영업** 정원식
펴낸곳 나무말미　**출판등록** 제2020-000134호　**주소** 서울시 마포구 월드컵북로 400 5층 24호
전화 0507-1429-7702　**팩스** 0504-027-7702　**인스타그램** @namumalmi_publisher
블로그 https://blog.naver.com/namumalmi_books　**이메일** namumalmi_books@naver.com
ISBN 979-11-91827-44-6(74080)
　　　979-11-91827-43-9(세트)

10 SAI NO MISSION Kimi wo Issho Sasaeru 31 no Kodo
© 2021 Takashi Saito
Illustration by Morinokujira　Design by albireo Inc.
Original Japanese edition published by Gentosha Inc.
Korean translation copyright © 2022 by NAMUMALMI Publisher
Korean translation rights arranged with Gentosha Inc.
through The English Agency(Japan) Ltd. and Danny Hong Agency

이 책은 2022년에 출간된 『열 살 우리들의 미션』의 개정판입니다.
이 책의 한국어판 저작권은 대니홍 에이전시를 통해 저작권사와 독점 계약한 나무말미에 있습니다.
저작권법에 의하여 한국 내에서 보호를 받는 저작물이므로 무단전재와 무단복제를 금합니다.

나무말미는 장마철 잠깐 해가 나서 땔나무를 말릴 수 있는 시간을 뜻하는 우리말입니다.